외국어는 경쟁력!

외국어는 당신을 우월하게 만들어주는 경쟁력입니다. 경쟁력은 당신이 앞으로 하게 될 일, 명함에 새겨질 직함, 급여 수준, 타게 될 자동차의 배기량, 당신이 살게 될 지역, 아파트의 크기, 사귀게 될 사람들의 수준, 배우자의 외모, 자녀들이 다니게 될 학교, 즐겨 입는 옷의 브랜드, 여름마다 가게 될 휴양지, 그리고 그 밖의 많은 것을 결정하는 데 중요한 역할을 한다는 것을 기억하십시오. 언어는 힘입니다.

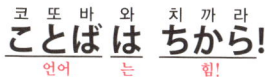

하루 만에 끝내는 초급 일본어
하루 일본어 첫걸음

Copyright © 2011 by Cow & Bridge Publishing Co. all rights reserved.
이 책의 저작권 및 출판권은 도서출판 소와다리가 소유합니다.

1판 9쇄 2014년 12월 5일

지 은 이 릿쿄 랭기지랩 인스티튜트
발 행 인 김동근
발 행 처 소와다리
주   소 인천광역시 남구 구월로40번길 6-21번지 3가동 302호
대표전화 0505-719-7787
팩시밀리 0505-719-7788
출판등록 제2011-000015호(2011년 8월 3일)
이 메 일 sowadari@naver.com

※파본 및 낙장은 구입하신 서점을 통해 바꾸어드립니다.

ISBN 978-89-967035-1-8 14730
ISBN 978-89-967035-0-1 (세트)

이 도서의 국립중앙도서관 출판시도서목록(CIP)은
e-CIP 홈페이지(http://www.nl.go.kr/ecip)에서 이용하실 수 있습니다.
(CIP제어번호 : CIP2011004811)

하루
일본어 첫걸음

하루 만에 끝내는 초급 일본어

아직도 **목표**와 **전략** 없이 무작정 **외국어를 공부**하십니까?

외국어 공부에도 **전략**이 필요합니다!

하버드 MBA 재학생을 대상으로 설문조사를 실시한 결과, 60%는 미래의 목표를 구체적으로 설정하지 않았고, 37%는 목표는 있으나 목표를 달성하기 위한 전략이 없었으며, 오직 3%만이 **구체적인 목표와 실행 전략**을 글로 정리해 놓았습니다. 그리고 10년 후 다시 조사해보니 전략이 없는 97%의 사람보다 전략이 있는 3%의 사람이 가진 재산이 훨씬 많았다고 합니다.

단기간에 외국어를 마스터하려면 구체적인 목표가 있어야 합니다. 구체적인 목표가 있어야 목표를 달성할 전략도 구체적으로 세울 수 있기 때문입니다. 목표는 방향을 잃지 않게 해주고, **전략은 목표에 가장 빨리 도달할 수 있는 지름길**을 알려줄 것입니다. 여기서 목표는 구체적일수록 좋고, 실현이 가능해야 하며, 시간 개념이 포함되어 있어야 합니다. 목표가 너무 추상적이면 어느 정도 이루었는지 측정하기 어렵고, 시간 개념이 없으면 전략 전체가 느슨해지고 맙니다.

지금이 당신의 인생 항로를 바꿀 **절호**의 순간입니다.
지금 시작하면 **6시간** 후, **일본어**가 됩니다.

1. **목표** 설정 : 최대한 **구체적**으로!

구체적인 목표를 세워야 구체적인 학습 전략을 세울 수 있습니다. 만약 일본어능력시험 N3급 교재 300페이지를 2달 만에 떼려면 하루에 5페이지씩 해야 한다는 전략을 세울 수 있습니다. 그러나 단순히 일본어를 마스터한다는 목표 만으로는 전략을 제대로 세울 수 없습니다.

1. 일본어 회화를 공부한다 : 구체적이지 않은 목표
2. 한 달 만에 일본어 프리토킹 : 실현 불가능한 목표
3. 두 달 만에 일본어능력시험 N3급 : 구체적이고 실현 가능한 목표

2. **약점** 파악 : 냉정하고 **솔직**하게!

약점도 구체적일수록 좋습니다. 그래야 구체적인 보완 전략을 세울 수 있기 때문입니다. 약한 부분에 시간과 노력을 집중해야 단기간에 가시적인 성과를 거둘 수 있습니다. 길게 끌 여유가 없습니다. 당신은 외국어 말고도 할 일이 많습니다.

1. 일본어를 전혀 모른다 : 일본어 단어를 외우면서 히라가나 습득
2. 발음이 어색하다 : 일본 노래를 흥얼거림
3. 히어링, 스피킹이 안 된다 : 기본문법을 뗀 후 일본 드라마 보기

3. **전략** 수립 : 약점을 **집중**적으로 커버!

자신의 생활패턴에 따라 학습 전략을 세우는 것이 중요합니다. 야근과 주말근무에 시달리는 평범한 직장인의 경우 출퇴근 시간과 주말 하루를 제외하고는 거의 시간을 내기가 힘듭니다. 지키지 못할 무리한 전략보다는 조금 여유 있는 전략이 훨씬 바람직합니다. 다음 사항을 참고로 자신만의 전략을 세웁시다.

1. 선택 : 약점을 보완할 학습법을 선택!
2. 집중 : 산만한 2시간보다는 집중하여 30분!
3. 반복 : 만족스런 결과가 나올 때까지 반복!

하루 만에 **일본어** 첫걸음을 **마스터**하는
초단기 학습 **전략**

(선택 + 집중)^반복 = 시간단축

『하루 일본어 첫걸음』은 단 하루 만에 일본어의 통사구조를 이해하고 일상적인 의사소통에 필요한 기초 문법을 습득하는 것을 목표로 개발된 교재입니다. 이 책에서는 하루(6시간)라는 짧은 시간에 일본어의 기초를 마스터하기 위해 외국의 유학생 랭기지 스쿨 및 외국어 전공자들이 널리 사용하고 있는 다음 세 가지 학습 전략을 제시합니다.

1. 선택 : 자주 쓰는 문법만 **골라서** 공부한다!

일본의 국어사전인 코지엔(広辞苑)에는 무려 25만 개의 어휘가 수록되어 있습니다. 그렇지만 일상적인 대화에서 주로 사용되는 문법과 어휘는 고작 2천 개 정도에 불과합니다. 다시 말해 몇 가지 문법과 2천 단어만 알면 일상생활에서 의사소통에 큰 불편을 느끼지 않는다는 뜻입니다. 『하루 일본어 첫걸음』은 일본의 뉴스, 드라마, 회화, 시험 등 일상생활에서 빈번하게 사용되는 기초 단어와 문법만 선택하여 학습함으로써 학습에 필요한 시간과 단순 암기에 소모되는 노력을 최소화하였습니다.

2. 집중 : 짧은 시간에 **강도 높게** 공부한다!

일본어 전문가에 의해 선별된 기초 어휘와 필수 문법은 일본어와 한국어가 뒤섞인 특수한 형태의 문장으로 재구성됩니다. 특수 예문은 일본어와 한국어의 공통점을 최대한 이용했기 때문에 문법 설명이 따로 필요 없으며 읽기만 하면 문장의 핵심을 저절로 알게 됩니다. 따라서 학습자는 오로지 일본어 문장에만 집중하여 짧은 시간에 최대의 학습효과를 거둘 수 있습니다.

3. 반복 : 외워질 때까지 반복한다!

뇌의 단기 기억 영역에 있던 내용이 장기 기억 영역에 각인되기 위해서는 적절한 강도의 자극이 여러 번 반복되어야 합니다. 『하루 일본어 첫걸음』은 2교시는 1교시에 배운 내용을 포함하고 있으며, 3교시는 1, 2교시 학습 내용을 포함하고 있습니다. 그렇기 때문에 따로 복습을 하지 않아도 자연스럽게 4번의 반복학습 효과를 거둘 수 있습니다.

자주 쓰이는 것만 선택해 학습량을 줄이고
학습 시간을 줄임으로써 집중력을 높이고
자연스럽게 반복학습이 이루어지는 것.
이것이 하루 만에 일본어 첫걸음을 마스터하는 비법이며
『하루 일본어 첫걸음』이 추구하는 궁극적인 목표입니다.

이 책의 **구성** 및 학습 **순서**

①듣기 ▶ ▶ ②따라하기

1교시 1번 유닛에서 배우게 될 문법을 표시하고 있습니다. 한 유닛에서는 오로지 한 가지 문법 사항만 학습하므로 부담 없이 집중할 수 있습니다.

문자보다 먼저 소리와 친해지는 단계입니다. 히라가나를 몰라도 듣기와 따라 읽기를 할 수 있도록 구성되어 있습니다.

학습을 마친 후 가위로 오려내어 모아두었다가 짬이 날 때 반복학습용으로 사용할 수 있습니다.

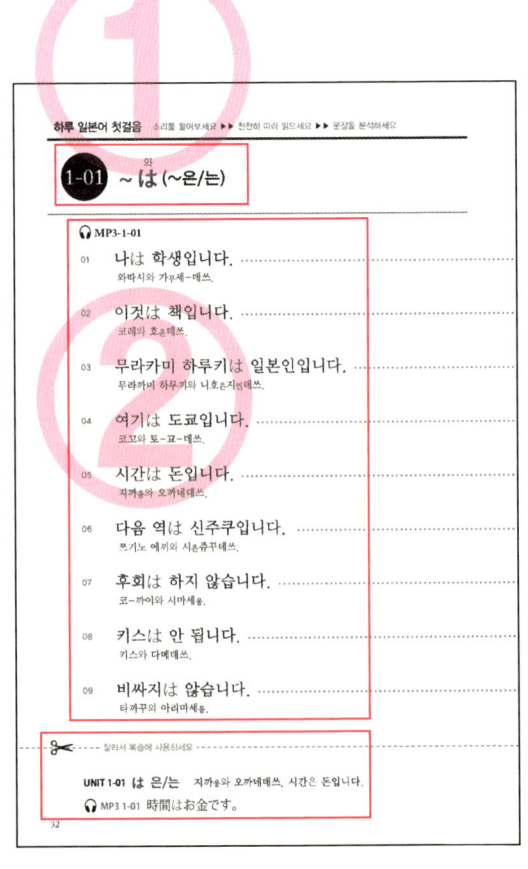

③이해하기 ▶▶ ④분석하기

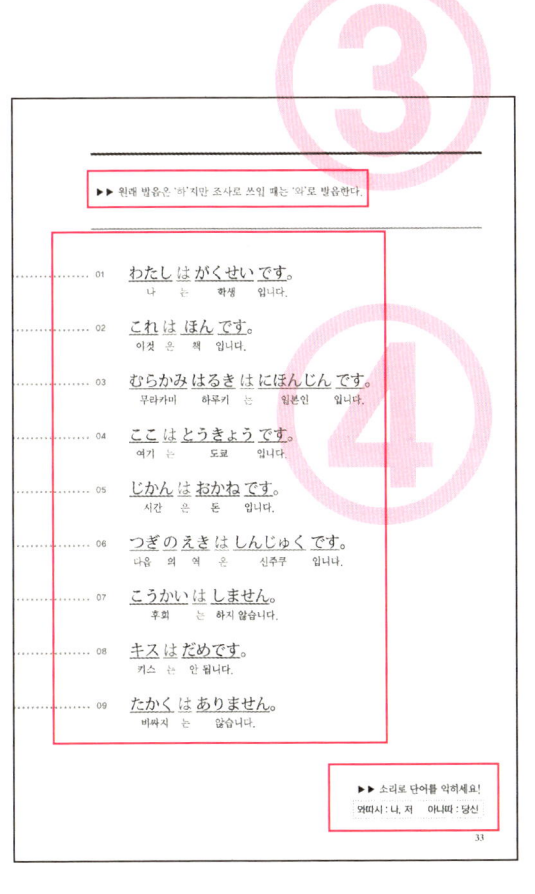

간단한 문법 설명입니다. 주의 사항이나 특이사항, 예외 등을 확인할 수 있습니다.

소리로 익힌 문장의 구조를 파악하는 단계입니다. 문장 구조를 파악하면 소리가 더 확실하게 들리게 됩니다.

히라가나를 전혀 모르는 상태에서도 핵심 단어를 익힐 수 있도록 구성되어 있습니다.

목차 및 학습 시간표

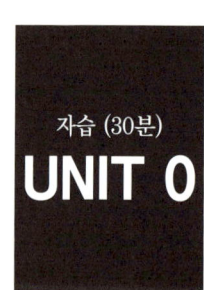

일본어의 첫 관문, 히라가나와 카타카나

히라가나 살펴보기	014
도쿄 전철역 이름으로 익히는 히라가나	019
카타카나 살펴보기	022
간판과 스타벅스 메뉴로 익히는 카타카나	024

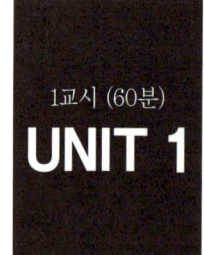

문장의 뼈대, 조사

● 1세트 : は　が　を　に	032
● 2세트 : の　で　と　も	042
● 3세트 : へ　か　や　て	052
● 4세트 : から　まで　より　ので	062

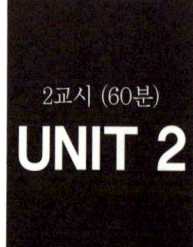

일본어 문법의 처음과 끝, 동사와 형용사

● 1세트 : 동사의 종류	072
● 2세트 : 동사 활용 연습	082
● 3세트 : 형용사, 형용동사	106
● 4세트 : 형용사 형용동사 활용 연습	116

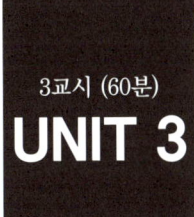

매일 쓰는 기본 패턴, 집중 연습
- 1세트 : です　します　います　あります　　　136
- 2세트 : ください　ませんか　ましょうか　　　146
- 3세트 : ている　てもいい　なければならない　156
- 4세트 : たい　できる　ことがある　ながら　　166

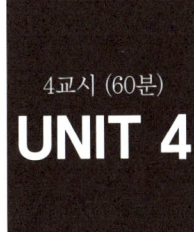

자주 쓰는 고급 표현, 집중 연습
- 1세트 : ぜんぜん～ない　あまり～ない　　　　176
- 2세트 : なる　あう　のる　すきだ　じょうずだ　186
- 3세트 : かもしれない　にいく　ほうがいい　수동형　196
- 4세트 : ね　よ　わ　ぞ　　　　　　　　　　206

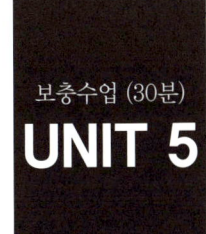

시간 날 때마다 외우는, 필수 기본 단어
동사　　　　　　　　　　　　　　　　　　216
형용사　　　　　　　　　　　　　　　　　217
부사, 접속사　　　　　　　　　　　　　　218
명사, 기본 회화　　　　　　　　　　　　220

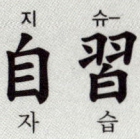

自習
자 습

자율학습 시간에는 일본의 문자인 히라가나와 카타카나를 공부합니다. 이미 외우신 분은 자율학습을 건너뛰어도 됩니다. 이제 막 일본어를 시작하신 분이라 해도 히라가나와 카타카나를 당장 외울 필요는 없습니다. 본문을 공부하다보면 저절로 외워지게 되어 있습니다. 또한 발음 역시 부담을 가질 필요가 전혀 없습니다. 약간 어설프게 발음해도 일본 사람들은 전부 알아들을 수 있기 때문입니다. 쓸데없는 걱정과 부담은 버리고 곧바로 시작하세요. 시간은 금이니까요!

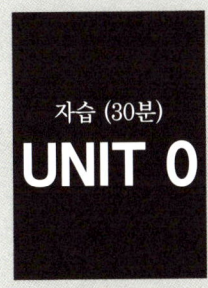

자습 (30분)
UNIT 0

일본어의 첫 관문, 히라가나와 카타카나

- 히라가나 살펴보기
- 도쿄 전철역 이름으로 익히는 히라가나
- 카타카나 살펴보기
- 간판과 스타벅스 메뉴로 익히는 카타카나

に水を排出する計画を立てていました。しかし、27日もチャオプラヤ川の水位は上昇し続け
向かって流れ込みました。川沿いには観光名所となっている王宮や寺院、外国人観光客が利

ひらがな
(히라가나)

	아단	이단	우단	에단	오단
아행	あ 아 a	い 이 i	う 우 u	え 에 e	お 오 o
카행	か 카 ka	き 키 ki	く 쿠 ku	け 케 ke	こ 코 ko
사행	さ 사 sa	し 시 shi	す 스 su	せ 세 se	そ 소 so
타행	た 타 ta	ち 치 chi	つ 츠 tsu	て 테 te	と 토 to
나행	な 나 na	に 니 ni	ぬ 누 nu	ね 네 ne	の 노 no
하행	は 하 ha	ひ 히 hi	ふ 후 fu	へ 헤 he	ほ 호 ho
마행	ま 마 ma	み 미 mi	む 무 mu	め 메 me	も 모 mo
야행	や 야 ya		ゆ 유 yu		よ 요 yo
라행	ら 라 ra	り 리 ri	る 루 ru	れ 레 re	ろ 로 ro
와행	わ 와 wa				を 오 wo
			ん 응 n		

일본어는 히라가나, 카타카나, 한자로 표기합니다.
히라가나는 일본 고유어 및 일반적인 표기에 널리 사용됩니다.
카타카나는 외래어, 강조하고 싶은 단어 표기에 사용됩니다.

1. 청음

あ행은 우리말의 아이우에오와 발음이 같습니다.
か행이 단어의 처음에 나오면 카, 중간이나 끝에 나오면 까로 발음합니다.
さ행은 우리말의 사시스세소와 발음이 같습니다.
た행이 단어의 처음에 나오면 타, 중간이나 끝에 나오면 따로 발음합니다.
な행은 우리말의 나니누네노와 발음이 같습니다.
は행은 우리말의 하히후헤호와 발음이 같습니다.
ま행은 우리말의 마미무메모와 발음이 같습니다.
や행은 우리말의 야유요와 발음이 같습니다.
ら행은 우리말의 라리루레로와 발음이 같습니다.
わ는 우리말의 와와 발음이 같습니다.
を는 오로지 목적격 조사로만 사용되며 お와 발음이 같습니다.
う단은 입을 오므리지 않고 우 발음을 합니다.
ん은 단어의 처음에 오지 않고 받침으로만 사용됩니다.

발음이 서툴러도 일본 사람들은 전부 알아들으니까 걱정 마세요.

2. 탁음

탁음은 かさたは행 우측 상단에 **탁점**을 붙이고 **성대**를 울려 발음합니다.

が 가 ga　ぎ 기 gi　ぐ 구 gu　げ 게 ge　ご 고 go
ざ 자 za　じ 지 ji　ず 즈 zu　ぜ 제 ze　ぞ 조 zo
だ 다 da　ぢ 지 di　づ 즈 du　で 데 de　ど 도 do
ば 바 ba　び 비 bi　ぶ 부 bu　べ 베 be　ぼ 보 bo

ぢ, づ는 **じ, ず**와 발음이 같고 **특별한 경우가 아니면 쓰이지 않습니다**.

3. 반탁음

반탁음은 は행 우측 상단에 **반탁점**을 붙이고 **된소리**로 발음합니다.

ぱ 빠 pa　ぴ 삐 pi　ぷ 뿌 pu　ぺ 뻬 pe　ぽ 뽀 po

4. 요음

요음은 い단 きしちにひみり 옆에 やゆよ를 작게 표기합니다.

きゃ 캬 kya	きゅ 큐 kyu	きょ 쿄 kyo
しゃ 샤 sha	しゅ 슈 shu	しょ 쇼 sho
ちゃ 챠 cha	ちゅ 츄 chu	ちょ 쵸 cho
にゃ 냐 nya	にゅ 뉴 nyu	にょ 뇨 nyo
ひゃ 햐 hya	ひゅ 휴 hyu	ひょ 효 hyo
みゃ 먀 mya	みゅ 뮤 myu	みょ 묘 myo
りゃ 랴 rya	りゅ 류 ryu	りょ 료 ryo

5. 장음

같은 단의 문자가 두 번 연속되는 경우 길게 발음합니다.

あ단＋あ단 : おかあさん오까-상(어머니)

い단＋い단 : おにいさん오니-상(오빠, 형)

う단＋う단 : くうき쿠-끼(공기)

え단＋え단 : おねえさん오네-상(언니, 누나)

え단＋い단 : せんせい셴세-(선생님)

お단＋お단 : とおい토-이(멀다)

お단＋う단 : どうろ도-로(도로)

よ, ゆ＋う단 : きょう쿄-(오늘)   じゅう쥬-(열, 십)

일본어는 음의 장단으로 의미를 구분하기 때문에 장음은 중요합니다.

東京 特許庁 許可局 局長토-쿄- 토-ㄱ쿄쵸- 쿄까꾜꾸 쿄꾸쵸-(도쿄 특허청 허가국 국장)

6. 발음

ん은 **받침** 역할을 하며 뒤에 오는 글자와 비슷한 음으로 변합니다.
ん은 **1음절**로 발음합니다.

まばぱ 앞에서는 **ㅁ**

あんま 암마(X) 아음마(O)　かんぱい 캄빠이(X) 카음빠이(O)　しんぶん 심붕(X) 시음부웅(O)

さたなら 앞에서는 **ㄴ**

おんな 온나(X) 오은나(O)　べんり 벤리(X) 베은리(O)　かんじ 칸지(X) 카은지(O)

나머지는 **ㅇ**

でんわ 뎅와(X) 데응와(O)　れんあい 렝아이(X) 레응아이(O)

발음하기 편하게 변한다고 생각하면 됩니다.

7. 촉음

つ를 작게 쓴 **っ**로 표기하며 뒤에 오는 글자와 비슷한 음으로 변합니다.
1음절로 발음합니다.

か행 앞에서는 **ㄱ**

がっこう 가ㄱ꼬-(학교)

さ행 앞에서는 **ㅅ**

けっせき 케ㅅ세끼(결석)

た행 앞에서는 **ㄷ**

きって 키ㄷ떼(표)

ぱ행 앞에서는 **ㅂ**

さっぽろ 사ㅂ뽀로(삿포로)

발음하기 편하게 변한다고 생각하면 됩니다.

도쿄 전철역 이름으로 익히는 히라가나

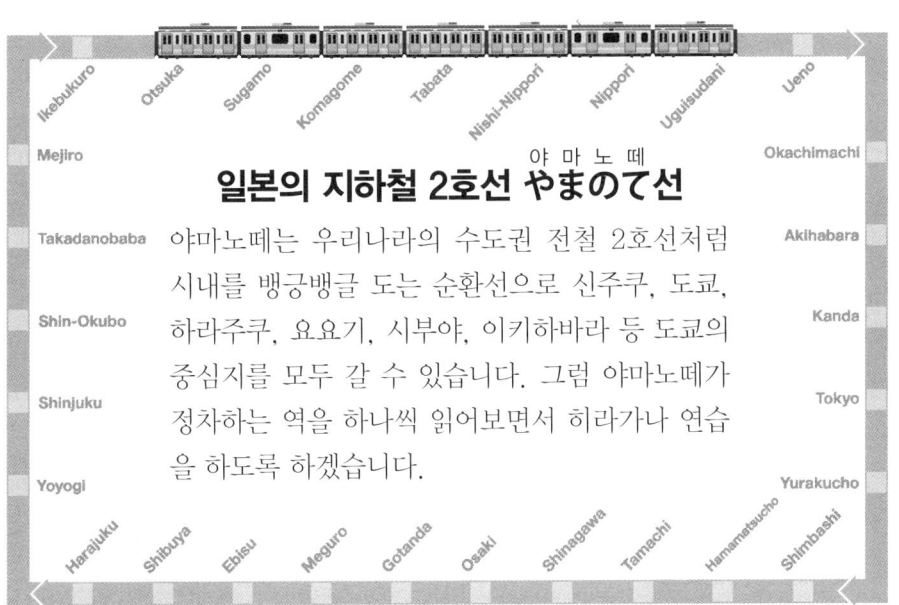

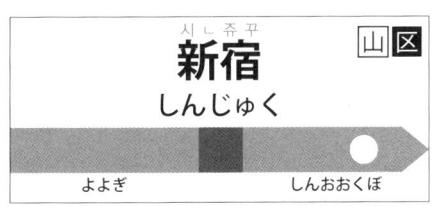

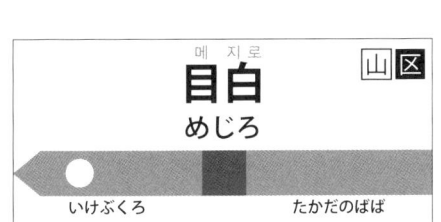

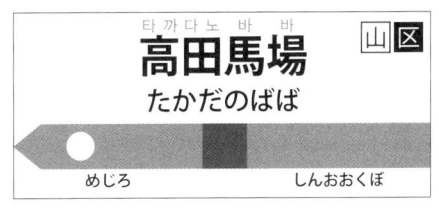

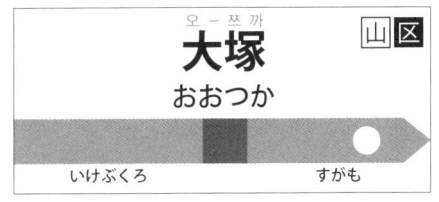

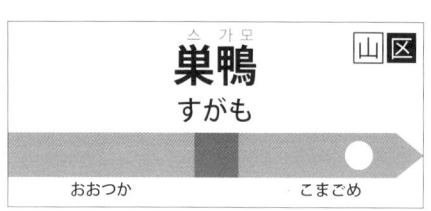
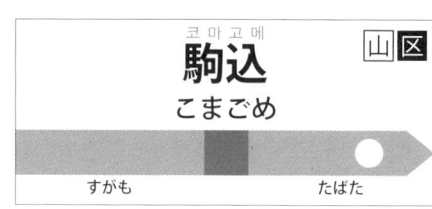
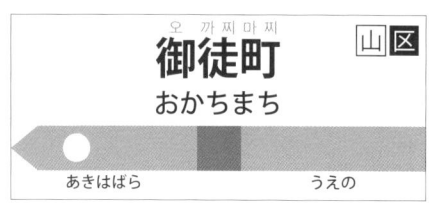
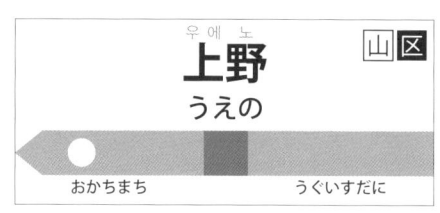

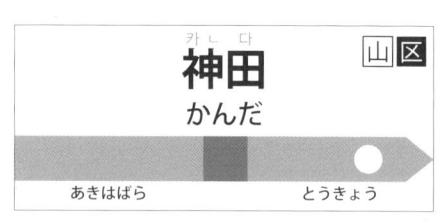
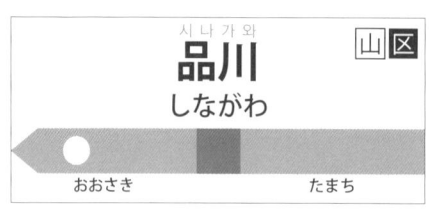
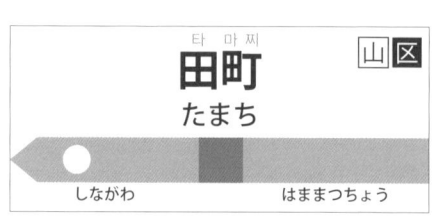
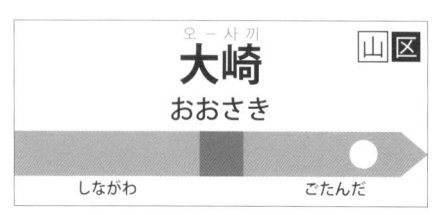

満潮を迎えた午前7時すぎには、堤防の壁を越えて川からあふれた大量の水がバンコク中
ホテルや商業施設もありますが、周辺の道路が冠水するなど広い範囲で浸水被害が出ています

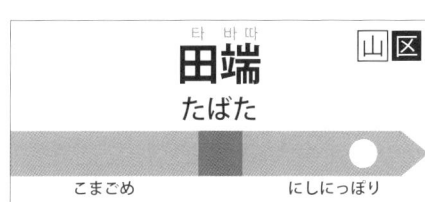

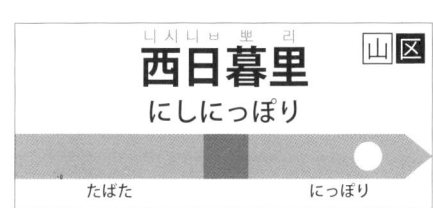

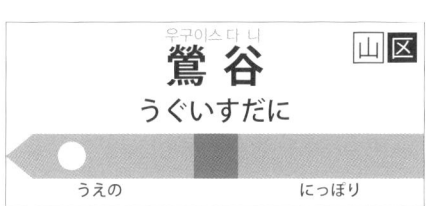

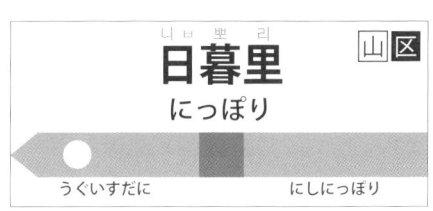

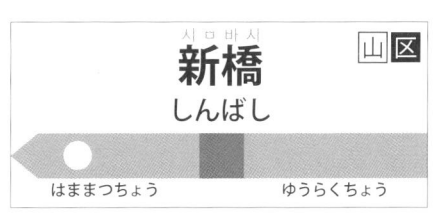

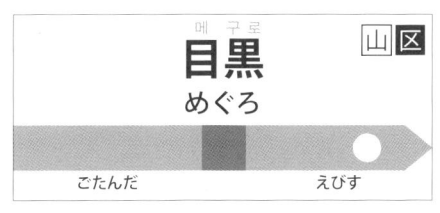

カタカナ
카 타 까 나

	아단	이단	우단	에단	오단
아행	ア 아 a	イ 이 i	ウ 우 u	エ 에 e	オ 오 o
카행	カ 카 ka	キ 키 ki	ク 쿠 ku	ケ 케 ke	コ 코 ko
사행	サ 사 sa	シ 시 shi	ス 스 su	セ 세 se	ソ 소 so
타행	タ 타 ta	チ 치 chi	ツ 츠 tsu	テ 테 te	ト 토 to
나행	ナ 나 na	ニ 니 ni	ヌ 누 nu	ネ 네 ne	ノ 노 no
하행	ハ 하 ha	ヒ 히 hi	フ 후 fu	ヘ 헤 he	ホ 호 ho
마행	マ 마 ma	ミ 미 mi	ム 무 mu	メ 메 me	モ 모 mo
야행	ヤ 야 ya		ユ 유 yu		ヨ 요 yo
라행	ラ 라 ra	リ 리 ri	ル 루 ru	レ 레 re	ロ 로 ro
와행	ワ 와 wa				ヲ 오 wo

ン
응 n

카타카나는 히라가나와 발음 규칙이 대부분 같습니다.
카타카나는 외래어, 강조하고 싶은 단어 표기에 사용됩니다.

1. 장음
장음은 ─로 표기합니다.
コーヒー 코-히-(커피)   タクシー 타꾸시-(택시)
エレベーター 에레베-따-(엘리베이터)   テーブル 테-부루(테이블)

2. 기타 표기
[f]음
ファイナル 화이나루(파이널)   フィルム 휘루무(필름)
フェイス 훼이스(페이스)   フォーク 후오-꾸(포크)
[t]음
ティッシュペーパー 티ㅅ슈뻬-빠-(티슈페이퍼)   ディナー 디나-(디너)
ツイスト 쯔이스또(트위스트)

3. 예상 외로 유용한 카타카나 단어
일본인들은 외래어에 거부감을 그다지 느끼지 않기 때문에 평소에 외래어를 즐겨 사용합니다. 그에 따라서 카타카나 단어는 빠른 속도로 늘어나는 추세입니다. 카타카나 단어는 영어 발음과 유사하기 때문에 기억하기 쉽고 따로 외우지 않아도 된다는 장점이 있습니다. 그럼 카타카나로 된 간판이나 주변 사진을 보며 카타카나를 익혀보도록 하겠습니다.

마꾸도나루도
하ㄴ바ㅡ가ㅡ
(마꾸도)

케ㄴ따ㄲㅡ

로ㅅ떼리아
하ㄴ바ㅡ가ㅡ

우에ㄴ데이ㅡ즈
하ㄴ바ㅡ가ㅡ

마쯔모또 키요시
(편의점+약국)

100엔 파ㅡ끼ㅇ구
(주차장)

카라오께
390엔

마이루도
카훼오ㅡ레

満潮を迎えた午前7時すぎには、堤防の壁を越えて川からあふれた大量の水がバンコク中心
ホテルや商業施設もありますが、周辺の道路が冠水するなど広い範囲で浸水被害が出ています

스따ㅡ바ㄱ꾸쓰(스따바)

토ㅡ뀨ㅡ 완데ㅡ 오ㅡ뿌ㄴ치께ㅅ또(도큐 원데이 오픈 티켓)

후라와ㅡ로ㅡ도

토ㅡ호꾸 사후아리빠ㅡ꾸

와시ㄴ똔
나쇼나루 갸라리ㅡ

본격적 수제 영국풍 카레ㅡ

비ㄱ꾸 까메라
(전자제품 상점)

미소녀전사
세ー라ー무ー∟

먀∟데이
먀∟데이

마스카라 등장!!

오스카루 마스카라 마리ー아∟또와네∟또 마스카라

베루사이유 노(의) 바라 (장미)

満潮を迎えた午前7時すぎには、堤防の壁を越えて川からあふれた大量の水がバンコク中心
ホテルや商業施設もありますが、周辺の道路が冠水するなど広い範囲で浸水被害が出ています

に水を排出する計画を立てていました。しかし、27日もチャオプラヤ川の水位は上昇し続け
向かって流れ込みました。川沿いには観光名所となっている王宮や寺院、外国人観光客が利

이찌 지 겜 메
一時限目
1교시

1교시에는 조사에 대해 공부합니다. 일본어는 우리말과 마찬가지로 단어에 ~가, ~를, ~에게 등등과 같은 조사가 붙어 문법적 기능을 합니다. 따라서 일본어를 해석하는데 조사는 매우 중요한 역할을 합니다. 기본적인 조사만 알면 일본어 문법은 기초를 떼었다고 해도 과언이 아닙니다. 그럼 이제부터 자주 쓰이는 필수 조사들만 골라 공부하도록 하겠습니다.

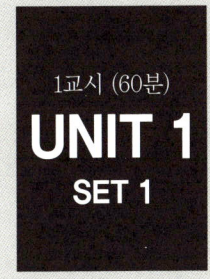

문장의 뼈대, 조사

- **1세트 : は が を に**
- 2세트 : の で と も
- 3세트 : へ か や て
- 4세트 : から まで より ので

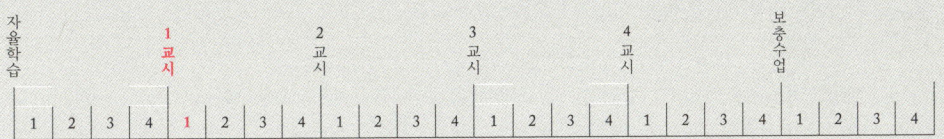

하루 일본어 첫걸음

소리를 들어보세요 ▶▶ 천천히 따라 읽으세요 ▶▶ 문장을 분석하세요

1-01 ~は(와) (~은/는)

🎧 MP3-1-01

01 나は 학생입니다.
와따시와 가꾸세-데쓰.

02 이것は 책입니다.
코레와 호은데쓰.

03 무라카미 하루키は 일본인입니다.
무라까미 하루끼와 니호은지인데쓰.

04 여기は 도쿄입니다.
코꼬와 토-꾜-데쓰.

05 시간は 돈입니다.
지까응와 오까네데쓰.

06 다음 역は 신주쿠입니다.
쓰기노 에끼와 시은쥬꾸데쓰.

07 후회は 하지 않습니다.
코-까이와 시마세웅.

08 키스は 안 됩니다.
키스와 다메데쓰.

09 비싸지は 않습니다.
타까꾸와 아리마세웅.

✂------ 잘라서 복습에 사용하세요 ------

UNIT 1-01 は 은/는   지까응와 오까네데쓰. 시간은 돈입니다.

🎧 MP3 1-01 時間はお金です。

▶▶ 원래 발음은 '하'지만 조사로 쓰일 때는 '와'로 발음한다.

---

01 **わたしは がくせい です。**
　　나　는　학생　입니다.

02 **これは ほん です。**
　　이것　은　책　입니다.

03 **むらかみ はるきは にほんじん です。**
　　무라카미 하루키　는　일본인　입니다.

04 **ここは とうきょう です。**
　　여기　는　도쿄　입니다.

05 **じかんは おかね です。**
　　시간　은　돈　입니다.

06 **つぎの えきは しんじゅく です。**
　　다음　의　역　은　신주쿠　입니다.

07 **こうかいは しません。**
　　후회　는　하지 않습니다.

08 **キスは だめです。**
　　키스　는　안 됩니다.

09 **たかく は ありません。**
　　비싸지　는　않습니다.

▶▶ 소리로 단어를 익히세요!

와따시 : 나, 저　　아나따 : 당신

하루 일본어 첫걸음 　소리를 들어보세요 ▶▶ 천천히 따라 읽으세요 ▶▶ 문장을 분석하세요

1-02　~が (~이/가)

🎧 **MP3-1-02**

01　비が 내리고 있습니다.
　　　아메가 후읏데이마쓰.

02　바람が 붑니다.
　　　카제가 후끼마쓰.

03　이것が 아이폰입니다.
　　　코레가 아이후오-은데쓰.

04　제が 하겠습니다.
　　　와따시가 야리마쓰.

05　곧 열차が 들어오겠습니다.
　　　마모나꾸 데은샤가 마이리마쓰.

06　PDF 파일は Adobe Readerが 필요합니다.
　　　피-디-에후 후아이루와 아도비 리-다-가 히쯔요-데쓰.

07　비は 내리が 바람は 불지 않는다.
　　　아메와 후루가 카제와 후까나이.

08　제が 기무라 타쿠야입니다が.
　　　와따시가 키무라 타꾸야데쓰가.

09　빵が 먹고 싶습니다.
　　　빠웅가 타베따이데쓰.

------ ✂ ------ 잘라서 복습에 사용하세요 ------

UNIT 1-02　が 이/가　카제가 후끼마쓰. 바람이 붑니다.

🎧 **MP3 1-02** 風が吹きます。

▶▶ 단어를 주어로 만드는 조사. 동작이나 행위의 주체를 나타낸다.
▶▶ 역접, 희망의 대상을 나타내기도 한다.

01 <u>あめ が</u> ふって います。
    비 가   내리고 있습니다.

02 <u>かぜ が</u> ふきます。
    바람 이 붑니다.

03 <u>これ が</u> アイフォーン です。
    이것 이   아이폰   입니다.

04 <u>わたし が</u> やります。
    제   가   하겠습니다.

05 まもなく でんしゃ <u>が</u> まいります。
    곧   열차   가   들어오겠습니다.

06 <u>PDF ファイル</u> は <u>Adobe Reader が</u> ひつよう です。
    PDF 파일   은   어도비 리더   가   필요합니다.

07 あめ は ふる <u>が</u> かぜ は ふかない。
    비 는 내리 지만 바람 은 불지 않는다.(역접)

08 <u>わたし が</u> きむら たくや です <u>が</u>。
    제   가   기무라 타쿠야 입니다 만.(문장 연결)

09 <u>パン が</u> たべ たい です。
    빵   을   먹고 싶습니다.(희망의 대상)

소리로 단어를 익히세요!
코레 : 이것   소레 : 그것

1-03 ~を (~을/를)

🎧 MP3-1-03

01 책を 읽습니다.
　　호웅오 요미마쓰.

02 밥を 먹습니다.
　　고하웅오 타베마쓰.

03 공부を 합니다.
　　베웅꼬-오 시마쓰.

04 오늘은 무엇を 합니까?
　　쿄-와 나니오 시마스까.

05 나무로 책상を 만듭니다.
　　키데 쯔꾸에오 쯔꾸리마쓰.

06 그녀에게 편지を 씁니다.
　　카노죠니 테가미오 카끼마쓰.

07 집에서 숙제を 하고 있습니다.
　　우찌데 슈꾸다이오 시떼이마쓰.

08 이 책を 읽어주세요.
　　코노 호웅오 요은데 쿠다사이.

09 빵집에서 빵を 먹습니다.
　　빠웅야데 빠웅오 타베마쓰.

----- ✂ ----- 잘라서 복습에 사용하세요 -----

UNIT 1-03 を 을/를　호웅오 요미마쓰. 책을 읽습니다.

🎧 MP3 1-03　本を読みます。

▶▶ 단어를 목적어로 만드는 조사.
▶▶ 동작이나 작용이 행해지는 대상을 나타낸다.

01　　**ほんをよみます。**
　　　　책　을　읽습니다.

02　　**ごはんをたべます。**
　　　　밥　을　먹습니다.

03　　**べんきょうをします。**
　　　　공부　를　합니다.

04　　**きょうはなにをしますか。**
　　　　오늘 은 무엇 을 합니까?

05　　**きでつくえをつくります。**
　　　　나무 로 책상 을 만듭니다.

06　　**かのじょにてがみをかきます。**
　　　　그녀　에게 편지 를 씁니다.

07　　**うちでしゅくだいをしています。**
　　　　집 에서 숙제 를 하고 있습니다.

08　　**このほんをよんでください。**
　　　　이 책 을 읽어 주세요.

09　　**パンやでパンをたべます。**
　　　　빵집 에서 빵 을 먹습니다.

소리로 단어를 익히세요
~마쓰 : ~합니다　~데쓰 : ~입니다

1-04 ~に (~에/ ~에게)

🎧 MP3-1-04

01 그녀に 편지を 씁니다.
카노죠니 테가미오 카끼마스.

02 미국に 갑니다.
아메리까니 이끼마스.

03 밥을 먹으に 갑니다.
고항오 타베니 이끼마스.

04 나는 대학생に 됩니다.
와따시와 다이가꾸세-니 나리마스.

05 커피に 하시겠습니까, 주스に 하시겠습니까?
코-히-니 시마스까, 쥬-스니 시마스까.

06 책상 위に 책が 있습니다.
쯔꾸에노 우에니 호응가 아리마스.

07 그는 쿄토に 살고 있습니다.
카레와 쿄-또니 스은데 이마스.

08 아침 6시に 일어납니다.
아사 로꾸지니 오끼마스.

09 정말に 맛있습니다.
호응또-니 오이시이데쓰.

✂ 잘라서 복습에 사용하세요

UNIT 1-04 に 에/에게   카노죠니 테가미오 카끼마스. 그녀에게 편지를 씁니다.

🎧 MP3 1-04 彼女に手紙を書きます。

▶▶ 대상, 위치, 목적을 나타내는 다목적 조사.
▶▶ 앞뒤 문맥에 맞춰 해석한다.

01 かのじょに てがみを かきます。
   그녀 에게 편지 를 씁니다.(대상)

02 アメリカに いきます。
   미국 에 갑니다.(목적지)

03 ごはんを たべに いきます。
   밥 을 먹으러 갑니다.(목적)

04 わたしは だいがくせいに なります。
   나 는 대학생 이 됩니다.(변화)

05 コーヒーに しますか、ジュースに しますか。
   커피 로 하시겠습니까 쥬스 로 하시겠습니까?(선택)

06 つくえの うえに ほんが あります。
   책상 의 위 에 책 이 있습니다.(위치)

07 かれは きょうとに すんで います。
   그 는 교토 에 살고 있습니다.(장소)

08 あさ ろくじに おきます。
   아침 6 시 에 일어납니다.(시간)

09 ほんとうに おいしいです。
   정말 로 맛있습니다.(정도)

소리로 단어를 익히세요!
마즈이 : 맛없다   오이시- : 맛있다

복습 1교시 1세트 중간 테스트

01 <u>わたし は がくせい です</u>。
　　　와 따시 와 가꾸세이 데쓰
　　　나 　는 　학생 　입니다

02 <u>かぜ が ふきます</u>。

03 <u>ほん を よみます</u>。

04 <u>かのじょ に てがみ を かきます</u>。

一時限目
1교시

1교시에는 조사에 대해 공부합니다. 일본어는 우리말과 마찬가지로 단어에 ~가, ~를, ~에게 등등과 같은 조사가 붙어 문법적 기능을 합니다. 따라서 일본어를 해석하는데 조사는 매우 중요한 역할을 합니다. 기본적인 조사만 알면 일본어 문법은 기초를 떼었다고 해도 과언이 아닙니다. 그럼 이제부터 자주 쓰이는 필수 조사들만 골라 공부하도록 하겠습니다.

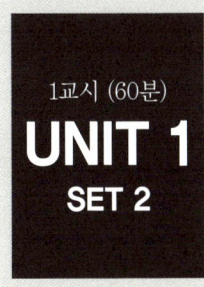

1교시 (60분)
UNIT 1
SET 2

문장의 뼈대, 조사
- 1세트 : は が を に
- **2세트 : の で と も**
- 3세트 : へ か や て
- 4세트 : から まで より ので

1-05 ~の (~의)

🎧 MP3-1-05

01 이것은 나の책입니다.
코레와 와따시노 호은데스.

02 이것은 누구の가방입니까?
코레와 다레노 카바은데스까.

03 이쪽은 친구の야마모토입니다.
코찌라와 토모다찌노 야마모또데스.

04 일본어の책을 읽습니다.
니호응고노 호응오 요미마쓰.

05 다이소에서 100엔の볼펜을 샀습니다.
다이소데 햐꾸에은노 보-루페응오 카이마시따.

06 책상の위에 책이 있습니다.
쯔꾸에노 우에니 호응가 아리마쓰.

07 지난주の토요일은 비가 내렸습니다.
세은슈-노 도요-비와 아메가 후리마시따.

08 아침 여섯 시에 일어나는の는 무리입니다.
아사 로꾸지니 오끼루노와 무리데쓰.

09 어디 가の?
도꼬 이꾸노.

✂- - - 잘라서 복습에 사용하세요 - - -

UNIT 1-05 の 의   코레와 다레노 카바ㄴ데스까. 이것은 누구의 가방입니까?

🎧 MP3 1-05 これはだれのかばんですか。

▶▶ 소유, 소속, 동격, 명사 연결을 하는 다목적 조사.
▶▶ 앞뒤 문맥에 맞춰 해석한다.

---

01 これ は わたし の ほん です。
    이것 은 나 의 책 입니다.(소유)

02 これ は だれ の かばん ですか。
    이것 은 누구 의 가방 입니까?(소유)

03 こちら は ともだち の やまもと です。
    이쪽 은 친구 인 야마모토 입니다.(동격)

04 にほんご の ほん を よみます。
    일본어 (로 된) 책 을 읽습니다.(속성)

05 ダイソー で ひゃく えん の ボールペン を かいました。
    다이소 에서 100 엔 짜리 볼펜 을 샀습니다.(속성)

06 つくえ の うえ に ほん が あります。
    책상 (의) 위 에 책 이 있습니다.(소속)

07 せんしゅう の どようび は あめ が ふりました。
    지난주 (의) 토요일 은 비 가 내렸습니다.(소속)

08 あさ ろくじ に おきる の は むりです。
    아침 6 시 에 일어나는 것 은 무리입니다.(형식명사)

09 どこ いく の。
    어디 가 니?(의문사)

소리로 단어를 익히세요!
~데스까? : ~입니까?   ~데시따 : ~였습니다

1-06 ~で (~에서)

🎧 MP3-1-06

01 スタバックスで カフェラテを 마십니다.
스따바데 카후에라떼오 노미마쓰.

02 ダイソーで 100엔の 볼펜을 샀습니다.
다이소데 햐꾸에은노 보-루페응오 카이마시따.

03 집で 숙제를 하고 있습니다.
우찌데 슈꾸다이오 시떼 이마쓰.

04 일본어で 말합니다.
니호응고데 하나시마쓰.

05 나무で 책상을 만듭니다.
키데 쯔꾸에오 쯔꾸리마쓰.

06 오사카까지는 버스で 갑니다.
오-사까마데와 바스데 이끼마쓰.

07 전부で 1500엔입니다.
제응부데 세응고햐꾸엔데쓰.

08 여기では 무엇이든 100엔で 살 수 있습니다.
코꼬데와 나은데모 햐꾸에은데 카에마쓰.

09 2명で 여행을 합니다.
후따리데 료코-오 시마쓰.

UNIT 1-06 で 의 스따바데 카후에라떼오 노미마쓰. 스타벅스에서 카페라떼를 마십니다.

🎧 MP3 1-06 スタバでカフェラテを飲みます。

▶▶ 동작이 일어나는 장소, 수단, 재료, 수량을 나타내는 조사.

01　スタバで カフェラテ を のみます。
　　스타벅스 에서　카페라떼　를 마십니다.(장소)

02　ダイソー で ひゃく えん の ボールペン を かいました。
　　다이소　에서　100　엔　짜리　볼펜　을 샀습니다.(장소)

03　うち で しゅくだい を しています。
　　집 에서　숙제　를 하고 있습니다.(장소)

04　にほんご で はなします。
　　일본어　로　말합니다.(수단)

05　き で つくえ を つくります。
　　나무 로　책상　을　만듭니다.(재료)

06　おおさか までは バス で いきます。
　　오사카　까지 는　버스 로　갑니다.(수단)

07　ぜんぶ で せん ご ひゃく えん です。
　　전부　(해서)　천　오　백　엔　입니다.(수량)

08　ここ で は なんでも ひゃく えん で かえます。
　　여기 에서는　무엇이든　100　엔　으로 살 수 있습니다.(장소, 수단)

09　ふたり で りょこう を します。
　　두 명　이서　여행　을 합니다.(수량)

소리로 단어를 익히세요!
~마스까? : ~합니까?　~마시따 : ~했습니다

1-07 ~と (~와/과)

🎧 MP3-1-07

01 책상の 위に 책と 노트が 있습니다.
쯔꾸에노 우에니 호온또 노-또가 아리마쓰.

02 그녀と 영화を 봅니다.
카노죠또 에-가오 미마쓰.

03 여기に 이름と 전화번호を 써주세요.
코꼬니 나마에또 뎅와방고-오 카이떼 쿠다사이.

04 친구と 밥を 먹습니다.
토모다찌또 고항오 타베마쓰.

05 봄が 오と 꽃が 핍니다.
하루가 쿠루또 하나가 사끼마쓰.

06 이 길を 똑바로 가と 신주쿠역입니다.
코노미찌오 마웃쓰구 이꾸또 신쥬꾸에끼데쓰.

07 그녀は 나に "안녕히"と 말했습니다.
카노죠와 와따시니 사요-나라또 이-마시따.

08 나の 이름は 원빈と 합니다.
와따시노 나마에와 원빈또 이-마쓰.

09 '스타바'と 하는 것は 스타벅스を 말하는 것입니다.
스따바또 이우노와 스따-바윽꾸스노 코또데스.

UNIT 1-07 と 와/과 카노죠또 에-가오 미마쓰. 그녀와 영화를 봅니다.

🎧 MP3 1-07 彼女と映画を見ます。

▶▶ 대등한 사물의 열거, 조건, 인용을 나타내는 조사.
▶▶ 문맥에 따라 알맞게 해석한다.

01 **つくえ の うえ に ほん と ノート が あります。**
　　책상 의 위 에 책 과 노트 가 있습니다.(열거)

02 **かのじょ と えいが を みます。**
　　그녀 와 영화 를 봅니다.(동참)

03 **ここ に なまえ と でんわ ばんごう を かいて ください。**
　　여기 에 이름 과 전화 번호 를 써 주세요.(열거)

04 **ともだち と ごはん を たべます。**
　　친구 와 밥 을 먹습니다.(동참)

05 **はる が くる と はな が さきます。**
　　봄 이 오 면 꽃 이 핍니다.(조건)

06 **この みち を まっすぐ いく と しんじゅく えき です。**
　　이 길 을 똑바로 가 면 신주쿠 역 입니다.(조건)

07 **かのじょ は わたし に さようなら と いいました。**
　　그녀 는 나 에게 "안녕히" 라고 말했습니다.(인용)

08 **わたし の なまえ は 원빈 と いいます。**
　　나 의 이름 은 이라고 말합니다.(지칭)

09 **スタバ と いう のは スターバックス のこと です。**
　　'스타바' 라고 말하는 것 은 스타벅스 를 말하는 것입니다.(지칭)

소리로 단어를 익히세요!
아리마쓰 : (사물)있습니다　　이마쓰 : (동물)있습니다

1-08 ~も (~도/ ~씩이나)

🎧 MP3-1-08

01 나も 잘 모르겠습니다.
와따시모 요꾸 시리마셍.

02 원숭이も 나무에서 떨어집니다.
사루모 키까라 오찌마쓰.

03 아무것も 보이지 않습니다.
나니모 미에마셍.

04 그는 피も 눈물も 없는 남자입니다.
카레와 찌모 나미다모 나이 오또꼬데쓰.

05 낮も 밤も 없이 공부를 합니다.
히루모 요루모 나꾸 벵꾜-오 시마쓰.

06 여름も 이제 끝입니다.
나쯔모 모- 오와리데쓰.

07 은행で 1시간も 기다렸습니다.
긴꼬-데 이찌지깡모 마찌마시따.

08 도쿄까지는 5시간も 걸립니다.
토-꾜-마데와 고지깡모 카까리마쓰.

09 맥주 1병で 1000엔も 합니다.
비-루입뽕데 셍에음모 시마쓰.

--- ✂ --- 잘라서 복습에 사용하세요 ---

UNIT 1-08 も 도/ (씩)이나   사루모 키까라 오찌마쓰. 원숭이도 나무에서 떨어집니다.

🎧 MP3 1-08 猿も木から落ちます。

▶▶ 첨가, 과다, 강조의 의미를 나타내는 조사.

01　わたし も よく しりません。
　　저　도　잘　모르겠습니다.(첨가)

02　さる も き から おちます。
　　원숭이 도 나무 에서 떨어집니다.(강조)

03　なに も みえません。
　　아무것 도 보이지 않습니다.

04　かれ は ち も なみだ も ない おとこ です。
　　그 는 피 도 눈물 도 없는 남자 입니다.

05　ひる も よる も なく べんきょう を します。
　　낮 도 밤 도 없이 공부 를 합니다.

06　なつ も もう おわり です。
　　여름 도 이제 끝 입니다.(강조)

07　ぎんこう で いち じかん も まちました。
　　은행 에서 1 시간 이나 기다렸습니다.(과다)

08　とうきょう まで は ご じかん も かかります。
　　도쿄 까지 는 5 시간 이나 걸립니다.(과다)

09　ビール いっ ぽん で せん えん も します。
　　맥주 1 병 에 천 엔 이나 합니다.(과다)

소리로 단어를 익히세요!

아리마세ㅇ : (사물)없습니다　　이마세ㅇ : (동물)없습니다

49

 **1교시 2세트**

01   これ は わたし の ほん です。

02   スタバ で カフェラテ を のみます。

03   つくえ の うえ に ほん と ノート が あります。

04   さる も き から おちます。

一時限目
이찌 지 겜 메
1교시

1교시에는 조사에 대해 공부합니다. 일본어는 우리말과 마찬가지로 단어에 ~가, ~를, ~에게 등등과 같은 조사가 붙어 문법적 기능을 합니다. 따라서 일본어를 해석하는데 조사는 매우 중요한 역할을 합니다. 기본적인 조사만 알면 일본어 문법은 기초를 떼었다고 해도 과언이 아닙니다. 그럼 이제부터 자주 쓰이는 필수 조사들만 골라 공부하도록 하겠습니다.

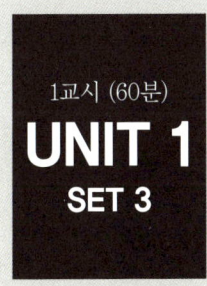

문장의 뼈대, 조사

- 1세트 : は が を に
- 2세트 : の で と も
- **3세트 : へ か や て**
- 4세트 : から まで より ので

1-09 ~へ(에) (~으로/ ~에)

🎧 MP3-1-09

01 어디へ 가니?
도꼬에 이꾸노?

02 물은 낮은 쪽へ 흐릅니다.
미즈와 히꾸이 호－에 나가레마쓰.

03 손님, 이쪽へ 오시지요.
오꺄꾸사마 도－조 코찌라에.

04 오랜만에 집へ 돌아갑니다.
히사시부리니 우찌에 카에리마쓰.

05 어딘가 먼 나라へ 가고 싶습니다.
도꼬까 토－이 쿠니에 이끼따이데스.

06 그는 서へ 서へ 향했습니다.
카레와 니시에 니시에 무까이마시따.

07 한 발 한 발 앞へ 나아갑니다.
이ㅂ뽀 이ㅂ뽀 마에에 스스미마쓰.

08 회사へ 연락을 합니다.
카이샤에 레ㄴ라꾸오 시마쓰.

09 어머니へ 보내는 편지.
오까－사ㅇ에노 테가미.

✂ ----- 잘라서 복습에 사용하세요 -----

UNIT 1-09 へ ~으로/ ~에 카이샤에 레ㄴ라꾸오 시마쓰. 회사에 연락을 합니다.

🎧 MP3 1-09 会社へ連絡をします。

▶▶ 방향을 나타내는 조사.
▶▶ 현대 문법에서 へ와 に를 엄격히 구분하지는 않는다.

01 **どこへいくの。**
   어디 에 가니 ?

02 **みず は ひくい ほう へ ながれます。**
   물 은 낮은 쪽 으로 흐릅니다.

03 **おきゃくさま、どうぞ こちら へ。**
   손님 (부디) 이쪽 으로 (오시지요).

04 **ひさしぶり に うち へ かえります。**
   오랜만 에 집 으로 돌아갑니다.

05 **どこか とおい くに へ いきたいです。**
   어딘가 먼 나라 에 가고 싶습니다.

06 **かれ は にし へ にし へ むかいました。**
   그 는 서쪽 으로 서쪽 으로 향했습니다.

07 **いっぽ いっぽ まえ へ すすみます。**
   1 발 1 발 앞 으로 나아갑니다.

08 **かいしゃ へ れんらく を します。**
   회사 에 연락 을 합니다.

09 **おかあさん へ の てがみ。**
   어머니 에게 의 편지.

소리로 단어를 익히세요!

오또꼬 : 남자   오나 : 여자

1-10 ~か (~니까? / ~인지)

🎧 MP3-1-10

01 이것은 무엇입니か?
코레와 나흔데스까.

02 이것은 누구の 가방입니か?
코레와 다레노 카바흔데스까.

03 야마다 씨는 일본인입니か?
야마다사응와 니호흔지인데스까.

04 이름か 주소か를 써주세요.
나마에까 쥬-쇼까오 카이떼 쿠다사이.

05 갈か 안 갈か 모릅니다.
이꾸까 이까나이까 시리마세응.

06 누군か 안 계십니か?
다레까 이마세응까.

07 무언か 마시고 싶습니다.
나니까 노미따이데쓰.

08 언젠か는 만날 수 있겠지요.
이쯔까와 아에루데쇼-.

09 어딘か서 본 적이 있습니다.
도꼬까데 미따 꼬또가 아리마쓰.

- - - - - ✂ - - - - 잘라서 복습에 사용하세요 -

UNIT 1-10 か 의문사/ ~인지 다레까 이마세응까. 누군가 안 계십니까?
🎧 MP3 1-10 だれかいませんか。

▶▶ 의문문임을 나타내는 의문사.
▶▶ 막연하고 불확실한 것을 나타내는 의미로도 쓰인다.

01 <u>これ</u> <u>は</u> <u>なん</u> <u>です</u> <u>か</u>。
이것 은 무엇 입니 까?

02 <u>これ</u> <u>は</u> <u>だれ</u> <u>の</u> <u>かばん</u> <u>です</u> <u>か</u>。
이것 은 누구 의 가방 입니 까?

03 <u>やまだ</u> <u>さん</u> <u>は</u> <u>にほんじん</u> <u>です</u> <u>か</u>。
야마다 씨 는 일본인 입니 까?

04 <u>なまえ</u> <u>か</u> <u>じゅうしょ</u> <u>か</u> <u>を</u> <u>かいて</u> <u>ください</u>。
이름 이나 주소 (나) 를 써 주세요.(양자택일)

05 <u>いく</u> <u>か</u> <u>いかない</u> <u>か</u> <u>しりません</u>。
갈 지 안 갈 지 모릅니다.

06 <u>だれ</u> <u>か</u> <u>いません</u> <u>か</u>。
누군 가 안 계십니 까?

07 <u>なに</u> <u>か</u> <u>のみたいです</u>。
무언 가 마시고 싶습니다.

08 <u>いつ</u> <u>か</u> <u>は</u> <u>あえる</u> <u>でしょう</u>。
언젠 가 는 만날 수 있 겠지요.

09 <u>どこ</u> <u>か</u> <u>で</u> <u>みた</u> <u>こと</u> <u>が</u> <u>あります</u>。
어딘 가 에서 보았던 일 이 있습니다.

소리로 단어를 익히세요!

다레 : 누구 도꼬 : 어디 이쯔 : 언제 나니 : 무엇

1-11 ~や (~랑 ~랑/ ~며 ~며)

🎧 MP3-1-11

01 **신문や 잡지 등을 읽습니다.**
시음부웅야 자읏시 나도오 요미마쓰.

02 **사과や 귤や 배 등을 먹습니다.**
리응고야 미까응야 나시 나도오 타베마쓰.

03 **야마다 씨や 기무라 씨や 스즈키 씨가 있습니다.**
야마다사웅야 키무라사웅야 스즈끼사웅가 이마쓰.

04 **이름や 주소 등을 써주세요.**
나마에야 쥬-쇼 나도오 카이떼 쿠다사이.

05 **빨강や 검정や 파랑이 뒤섞여 있습니다.**
아까야 쿠로야 아오가 마자리아웃떼 이마쓰.

06 **여름방학에는 바다や 산에 갑니다.**
나쯔야스미니와 우미야 야마니 이끼마쓰.

07 **가방의 안에 노트や 책や 펜이 있습니다.**
카바은노 나까니 노-또야 호웅야 뻬웅가 아리마쓰.

08 **하라주쿠는 전철や 버스로 갈 수 있습니다.**
하라쥬꾸와 데은샤야 바스데 이꾸꼬또가 데끼마쓰.

09 **초밥や 카레や 라면 등을 많이 먹었습니다.**
스시야 카레-야 라-메은 나도오 타꾸사은 타베마시따.

------ ✂ ------ 잘라서 복습에 사용하세요 ------

UNIT 1-11 や ~며 ~며 나마에야 쥬-쇼오 카이떼 쿠다사이. 이름이랑 주소를 써주세요.

🎧 MP3 1-11 名前や住所を書いてください。

56

▶▶ 사물을 열거할 때 쓰는 조사.
▶▶ 예로 든 것 외에도 더 있음을 나타낸다.

01 しんぶん や ざっし など を よみます。
    신문   이며 잡지 등 을 읽습니다.

02 りんご や みかん や なし など を たべます。
    사과 랑 귤   이랑 배 등 을 먹습니다.

03 やまだ さん や きむら さん や すずき さん が います。
    야마다 씨 며 기무라 씨 며 스즈키 씨 가 있습니다.

04 なまえ や じゅうしょ など を かいて ください。
    이름 이랑 주소   등 을 써   주세요.

05 あか や くろ や あお が まざりあって います。
    빨강 이랑 검정 이랑 파랑 이 뒤섞여   있습니다.

06 なつやすみ に は うみ や やま に いきます。
    여름방학   에 는 바다 랑 산 에 갑니다.

07 かばん の なか に ノート や ほん や ペン が あります。
    가방   의 안 에 노트 며 책 이며 펜 이 있습니다.

08 はらじゅく は でんしゃ や バス で いく こと が できます。
    하라주쿠   는 전철   이랑 버스 로 가는 것 이 가능합니다.

09 すし や カレー や ラーメン など を たくさん たべました。
    초밥 이랑 카레 랑 라면   등 을 많이   먹었습니다.

소리로 단어를 익히세요!

쿠다사이 : 주시오

1-12 ~て (~하고, ~해서)

🎧 **MP3-1-12**

01 재미있**て** 도움이 되는 책.
오모시로꾸떼 타메니나루 호응.

02 넓**て** 조용한 방.
히로꾸떼 시즈까나 헤야.

03 비が 내리**て** 있습니다.
아메가 후읏떼 이마쓰.

04 비싸**て** 살 수가 없습니다.
타까꾸떼 카우 꼬또가 데끼마세응.

05 바빠**て** 짬이 없다.
이소가시꾸떼 히마가 나이.

06 밥을 먹**て** 운동을 합니다.
고하응오 타베떼 우응도-오 시마쓰.

07 더워**て** 샤워를 합니다.
아쯔꾸떼 샤와-오 아비마쓰.

08 그 책을 읽**で** 보았습니까?
소노 호응오 요은데 미마시따까.

09 지금 뭐**て** 말했어?
이마 나은떼 이읏따.

✂ 잘라서 복습에 사용하세요

UNIT 1-12 **て** **~하고/해서**   히로꾸떼 시즈까나 헤야. 넓고 조용한 방.

🎧 **MP3 1-12** 広くて静かな部屋。

▶▶ 일본어 동사, 형용사의 대표적인 활용형.
▶▶ 문장과 문장, 단어와 단어를 연결할 때 쓰인다.

---

01 **おもしろくて ために なる ほん。**
　　재미있　고　도움 이 되는　책.

02 **ひろくて しずかな へや。**
　　넓　고　조용　한　방.

03 **あめ が ふって います。**
　　비 가 내리 고 있습니다.

04 **たかくて かう こと が できません。**
　　비싸　서　사는　것　을 할 수 없습니다.

05 **いそがしくて ひま が ない。**
　　바빠　서　짬 이 없다.

06 **ごはん を たべて うんどう を します。**
　　밥　을　먹　고　운동　을　합니다.

07 **あつくて シャワー を あびます。**
　　더워　서　샤워　를　합니다.

08 **その ほん を よんで みましたか。**
　　그　책 을 읽 어　보았습니 까?

09 **いま なんて いった。**
　　지금　뭐　라고　말했어?(인용)

소리로 단어를 익히세요!

헤야 : 방

1교시 3세트

01　どこへいくの。

02　これはなんですか。

03　しんぶんやざっしなどをよみます。

04　ごはんをたべてうんどうをします。

이찌 지 겜 메
一時限目
1교시

1교시에는 조사에 대해 공부합니다. 일본어는 우리말과 마찬가지로 단어에 ~가, ~를, ~에게 등등과 같은 조사가 붙어 문법적 기능을 합니다. 따라서 일본어를 해석하는데 조사는 매우 중요한 역할을 합니다. 기본적인 조사만 알면 일본어 문법은 기초를 떼었다고 해도 과언이 아닙니다. 그럼 이제부터 자주 쓰이는 필수 조사들만 골라 공부하도록 하겠습니다.

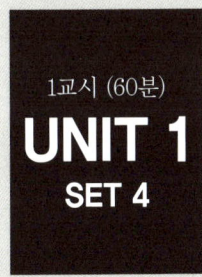

1교시 (60분)
UNIT 1
SET 4

문장의 뼈대, 조사
- 1세트 : は が を に
- 2세트 : の で と も
- 3세트 : へ か や て
- **4세트 : から まで より ので**

1-13 ~から (~부터, ~니까)

🎧 **MP3-1-13**

01 영화는 3시から 시작합니다.
에-가와 사은지까라 하지메마쓰.

02 원숭이も 나무から 떨어진다.
사루모 키까라 오찌루.

03 지금から 백 년 정도 전の 옛날.
이마까라 햐꾸네응 호도마에노 무까시.

04 꿈から 깨어났습니다.
유메까라 사메마시따.

05 친구から 편지가 왔습니다.
유-지응까라 테가미가 키마시따.

06 맛있으から 먹는다.
오이시이까라 타베루.

07 당신이 있으から 행복합니다.
아나따가 이루까라 시아와세데쓰.

08 시끄러우から 조용히 해주세요.
우루사이데스까라 시즈까니 시떼 쿠다사이.

09 부끄러우から 보지 말아주세요.
하즈까시이데스까라 미나이데 쿠다사이.

✂ ----- 잘라서 복습에 사용하세요 -----

UNIT 1-13 から ~부터/ ~니까 에-가와 사은지까라데쓰. 영화는 3시부터 시작합니다.

🎧 **MP3 1-13** ちょっと高いですが買いました。

▶▶ 시간, 공간, 순서 상의 시작점.
▶▶ 이유, 근거를 나타내는 의미로 쓰인다.

01 　えいが は さんじ から はじめます。
　　　영화　는　3　시　부터　　시작합니다.

02 　さる も き から おちる。
　　　원숭이 도 나무 에서　떨어진다.

03 　いま から ひゃく ねん ほど まえ の むかし。
　　　지금 부터　　백　　년　정도　전　의　옛날.

04 　ゆめ から さめました。
　　　꿈　 에서　 깨어났습니다.

05 　ゆうじん から てがみ が きました。
　　　친구　　 에게　　편지　가　왔습니다.

06 　おいしい から たべます。
　　　맛있으　니까　　먹는다.

07 　あなた が いる から しあわせ です。
　　　당신　이　있으 니까　　행복　 합니다.

08 　うるさい から しずか に して ください。
　　　시끄러우 니까　 조용 히 해　 주세요.

09 　はずかしいです から 見 ないで ください。
　　　　부끄러우　　　니까 보지 말아　　주세요.

소리로 단어를 익히세요!

이마 : 지금　　사ㄱ끼 : 좀전

1-14 ~まで (~까지)

🎧 MP3-1-14

01 나는 요요기まで 갑니다.
와따시와 요요기마데 이끼마스.

02 말할 것 까지までも 없습니다.
이우마데모 아리마세응.

03 그녀의 얼굴이 꿈にまで 보입니다.
카노죠노 카오가 유메니마데 미에마쓰.

04 영업시간은 9시から 10시まで입니다.
에–교–지까응와 쿠지까라 쥬–지마데데쓰.

05 처음から 끝まで 읽어주세요.
하지메까라 오와리마데 요은데 쿠다사이.

06 비행기で 오사카まで 갑니다.
히꼬–끼데 오–사까마데 이끼마스.

07 비도 오고 바람まで 분다.
아메모 후루시, 카제마데 후꾸.

08 최후의 한 사람まで 싸우다.
사이고노 히또리마데 타타까우.

09 다리가 뻐근해질 때まで 걸었다.
아시가 보–니 나루마데 아루이따.

UNIT 1-14 まで ~까지 하지메까라 오와리마데. 처음부터 끝까지.

🎧 MP3 1-14 最初から終わりまで。

▶▶ 시간, 공간, 순서 상의 끝을 나타낸다.
▶▶ 강조의 의미로 쓰인다.

01　わたし は よよぎ まで いきます。
　　　나　는　요요기　까지　갑니다.

02　いう まで も ありません。
　　말할 것 까지 도 없습니다.

03　かのじょ の かお が ゆめ に まで みえます。
　　그녀　의 얼굴 이 꿈 에 까지 보입니다.(강조)

04　えいぎょう じかん は く じ から じゅう じ まで です。
　　영업　시간 은 9 시 부터　10　시 까지 입니다.

05　はじめ から おわり まで よん で ください。
　　처음 부터 끝 까지 읽 어 주세요.

06　ひこうき で おおさか まで いきます。
　　비행기　로　오사카　까지　갑니다.

07　あめ も ふる し、かぜ まで ふく。
　　비 도 오 고 바람 까지 분다.(강조)

08　さいご の ひとり まで たたかう。
　　최후　의　한 사람 까지 싸운다.

09　あし が ぼう に なる まで あるいた。
　　다리 가 뻐근 해 질 때까지 걸었다.

　　*보-(봉) : 다리가 막대기처럼 뻣뻣해지는 것을 비유한 말

소리로 단어를 익히세요!

이우 : (무엇을) 말하다　　하나스 : (상대와) 말하다

1-15 ~より (~보다/~부터)

🎧 **MP3-1-15**

01 기름은 물より 가볍습니다.
아부라와 미즈요리 카루이데쓰.

02 물은 기름より 무겁습니다.
미즈와 아부라요리 오모이데쓰.

03 전より 좋아졌습니다.
마에요리 요꾸 나리마시따.

04 그는 입より 손が 빠릅니다.
카레와 쿠찌요리 테가 하야이데쓰.

05 꽃より 남자.
하나요리 다은시.

06 より 빨리, より 높이.
요리 하야꾸, 요리 타까꾸.

07 생각했던 것より 비싸군요.
오모웃따요리 타까이데스네.

08 공짜より 비싼 것은 없다.
타다요리 타까이 모노와 나이.

09 입장은 8시より 시작합니다.
뉴-죠-와 하찌지요리 하지메마쓰.

------- ✂ ----- 잘라서 복습에 사용하세요 -----------------------------

UNIT 1-15 より ~보다 하나요리 다은시. 꽃보다 남자.

🎧 **MP3 1-15** 花より男子。

▶▶ 비교의 기준.
▶▶ 시작점을 나타낼 때 쓰인다.

---

01 あぶら は みず より かるい です。
    기름 은 물   보다 가볍 습니다.

02 みず は あぶら より おもい です。
    물   은 기름   보다 무겁   니다.

03 まえ より よく なりました。
    전   보다 좋아 졌습니다.

04 かれ は くち より て が はやい です。
    그   는 입   보다 손 이 빠릅   니다.

05 はな より だんし。
    꽃   보다 남자.

06 より はやく、より たかく。
    보다 빨리   보다 높이.

07 おもった より たかい ですね。
    생각했던 것 보다 비싸 군요.

08 ただ より たかい もの は ない。
    공짜 보다 비싼   것 은 없다.

09 にゅうじょう は はちじ より はじめます。
    입장   은 8시   부터 시작합니다.

소리로 단어를 익히세요!

마에 : 앞   우시로 : 뒤   미기 : 왼쪽   히다리 : 오른쪽

1-16 ~ので (~해서, ~하기 때문에)

🎧 MP3-1-16

01 지하철이 있어ので 편리합니다.
치까떼쯔가 아루노데 벤리데쓰.

02 버스가 오지 않아ので 역까지 걸어갑니다.
바스가 코나이노데 에끼마데 아루이떼 이끼마쓰.

03 비가 와ので 갈 수 없습니다.
아메가 후루노데 이께마세응.

04 시간이 없어ので 이만 실례하겠습니다.
지깡가 나이노데 코레데 시쯔레-시마쓰.

05 돈이 없어ので 살 수가 없습니다.
오까네가 나이노데 카우꼬또가 데끼마세응.

06 산이 깊어ので 짐승도 많습니다.
야마가 후까이노데 케모노모 오-이데쓰.

07 주위가 시끄러워ので 잘 들리지 않습니다.
마와리가 우루사이노데 요꾸 키꼬에마세응.

✂----- 잘라서 복습에 사용하세요 -----

UNIT 1-16 ので ~해서   아메가 후루노데 이께마세응. 비가 와서 갈 수 없습니다.

🎧 MP3 1-16 雨が降るので行けません。

▶▶ 이유, 원인을 나타낸다.

01 ちかてつ が ある ので べんり です。
지하철 이 있어 서 편리 합니다.

02 バス が こない ので えき まで あるいて いきます。
버스 가 오지 않아 서 역 까지 걸어서 갑니다.

03 あめ が ふる ので いけません。
비 가 와 서 갈 수 없습니다.

04 じかん が ない ので これで しつれい します。
시간 이 없어 서 이만 실례 하겠습니다.

05 おかね が ない ので かう こと が できません。
돈 이 없어 서 살 수 가 없습니다.

06 やま が ふかい ので けもの も おおい です。
산 이 깊어 서 짐승 도 많습니다.

07 まわり が うるさい ので よく きこえません。
주위 가 시끄러워 서 잘 들리지 않습니다.

소리로 단어를 익히세요!

데ㄴ샤 : 전철   바스 : 버스   타꾸시- : 택시

 **1교시 4세트**

01 えいが は さん じ から はじめます。

02 わたし は よよぎ まで いきます。

03 あぶら は みず より かるい です。

04 ちかてつ が ある ので べんり です。

二時限目
니
2교시

2교시에는 일본어의 동사와 형용사를 공부합니다. 동사와 형용사는 의미에 따라 뒷부분의 형태가 바뀌는데 이것을 활용이라고 하며, 활용을 하는 단어를 용언이라고 합니다. 다소 어렵게 느껴질 수도 있겠지만 용언의 활용은 일본어 문법에서 가장 중요한 부분이며 이것만 알면 일본어 문법을 거의 마쳤다고 할 수 있습니다. 활용은 외우는 게 아닙니다. 여러 번 읽고 듣고 말하다보면 자연히 익숙해져서 저절로 튀어나오게 되어 있습니다. 1교시에 조사를 공부했으니 이제 동사만 공부하면 일본어 문법은 더 이상 공부할 것이 없습니다. 문법 이후에는 주구장창 단어만 외우면 되는 거죠. 그럼 조금만 더 힘을 내세요!

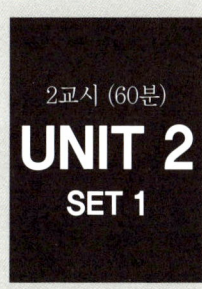

일본어 문법의 처음과 끝, 동사와 형용사
- **1세트 : 동사의 종류**
- 2세트 : 동사 활용 연습
- 3세트 : 형용사, 형용동사
- 4세트 : 형용사 형용동사 활용 연습

하루 일본어 첫걸음 소리를 들어보세요 ▶▶ 천천히 따라 읽으세요 ▶▶ 문장을 분석하세요

2-01 일본어 동사

🎧 MP3-2-01

01 **먹다, 마시다**
타베루, 노무

02 **오다, 가다**
쿠루, 이꾸

03 **읽다, 쓰다**
요무, 카꾸

04 **걷다, 달리다**
아루꾸, 하시루

05 **보다, 듣다**
미루, 키꾸

06 **배우다, 가르치다**
나라우, 오시에루

07 **시작하다, 끝나다**
하지메루, 오와루

08 **하다, 그만두다**
스루, 야메루

09 **생각하다, 생각하다**
카ㅇ가에루, 오모우

✂ ----- 잘라서 복습에 사용하세요 -----

UNIT 2-01 모든 일본어 동사는 '우' 발음으로 끝난다.

🎧 MP3 2-01 たべる　あるく　みる　かんがえる　いく

72

▶▶ 한국어 동사가 '~(하)다'로 끝나는 것처럼 일본어 동사는 '우' 발음으로 끝난다.

01 **たべる、のむ**
　　먹다　　마시다

02 **くる、いく**
　　오다　　가다

03 **よむ、かく**
　　읽다　　쓰다

04 **あるく、はしる**
　　걷다　　달리다

05 **みる、きく**
　　보다　　듣다

06 **ならう、おしえる**
　　배우다　　가르치다

07 **はじめる、おわる**
　　시작하다　　끝나다

08 **する、やめる**
　　하다　　그만두다

09 **かんがえる、おもう**
　　생각하다(논리)　생각하다(감정)

소리로 단어를 익히세요!

데빠-또 : 백화점　　코ㅁ비니 : 편의점　　에끼 : 역

2-02 동사 = 어간 + 어미

🎧 **MP3-2-02**

01 たべ＋る : 먹+다
    타베루 : 먹다

02 み＋る : 보+다
    미루 : 보다

03 はな＋す : 말하+다
    하나스 : 말하다

04 かえ＋る : 돌아가+다
    카에루 : 돌아가다

05 ま＋つ : 기다리+다
    마쯔 : 기다리다

06 おき＋る : 일어나+다
    오끼루 : 일어나다

07 で＋る : 나가+다
    데루 : 나가다

잘라서 복습에 사용하세요

UNIT 2-02 동사 = 변하지 않는 어간 + 변하는 어미

🎧 MP3 2-02 たべ＋る   はな＋す   おき＋る

▶▶ 동사는 다른 단어와 연결될 때 어간은 그대로 남아 있고 어미는 형태를 바꾼다.
▶▶ 이것을 '활용'이라 하고, 활용하는 단어를 '용언'이라 한다(동사, 형용사).

01　　たべ+て　たべ+ろ　たべ+よう
　　　　먹　　고　　먹　　어라　　먹　　　　자

02　　み+て　み+ろ　み+よう
　　　　보　고　　보　아라　　보　　　자

03　　はな+して　はな+せ　はな+そう
　　　　말하　　고　　말해　　라　　말하　　　　자

04　　かえ+って　かえ+れ　かえ+ろう
　　　　돌아가　　고　　돌아가　　라　　돌아가　　　　자

05　　ま+って　ま+て　ま+とう
　　　　기다리　고　　기다　려라　　기다　　리자

06　　おき+て　おき+ろ　おき+よう
　　　　일어나　　고　　일어나　　라　　일어나　　　자

07　　で+て　で+ろ　で+よう
　　　　나가　고　　나가　라　　나가　　　자

소리로 단어를 익히세요!

우에 : 위　　시따 : 아래　　나까 : 안　　소또 : 밖

하루 일본어 첫걸음 소리를 들어보세요 ▶▶ 천천히 따라 읽으세요 ▶▶ 문장을 분석하세요

2-03 일본어 동사 종류

🎧 MP3-2-03

01 る로 끝나지 않는 모든 동사 : 5단동사
노무, 요무, 이꾸, 카꾸, 야스무, 하타라꾸

02 る 앞이 あうお 발음인 동사 : 5단동사
와까루, 우루, 노루

03 る 앞이 い 발음인 동사 : 상1단동사
신지루, 오리루, 미루, 오끼루

04 る 앞이 え 발음인 동사 : 하1단동사
이레루, 데루, 야메루, 카ㅇ가에루, 타베루

05 1단동사 같지만 5단동사로 취급 : 예외5단동사
카에루, 시루, 하이루, 하시루, 키루(대표적인 것만 외우면 된다)

06 불규칙하게 활용하는 동사 : 변격동사
스루, 쿠루 두 개뿐이며 매우 자주 쓰이므로 무조건 익숙해져야 한다.

✂ ---- 잘라서 복습에 사용하세요 ----

UNIT 2-03 **5단동사 상1단동사 하1단동사 예외5단동사 변격동사**

🎧 MP3 2-03 やすむ **5단**   わかる **5단**   みる **상1단**   かんがえる **하1단**

▶▶ 동사는 우 발음 바로 앞 글자에 따라 5단동사, 상1단동사, 하1단동사로 나뉜다.
▶▶ 그 밖에 예외5단동사, 변격동사가 있다.

---

01 のむ、よむ、いく、かく、やすむ、はたらく
마시다　읽다　가다　쓰다　쉬다　일하다

02 わかる、うる、のる
알다　팔다　타다

03 しんじる、おりる、みる、おきる
믿다　내리다　보다　일어나다

04 いれる、でる、やめる、かんがえる、たべる
넣다　나오다　그만두다　생각하다　먹다

05 かえる、しる、はいる、はしる、きる
돌아가다　알다　들어가다　달리다　자르다

06 する、くる
하다　오다

소리로 단어를 익히세요!

케-따이 : 휴대전화

2-04 동사 활용의 예

🎧 MP3-2-04

01 **나는 밥을 먹습니다.**
와따시와 고항오 타베마쓰.

02 **밥을 먹고 TV를 봅니다.**
고항오 타베떼 테레비오 미마쓰.

03 **사자는 풀을 먹지 않는다.**
라이옹와 쿠사오 타베나이.

04 **먹으면 먹을수록 먹고 싶어집니다.**
타베레바 타베루호도 타베타꾸 나리마쓰.

05 **같이 케이크를 먹자.**
잇쇼니 케-끼오 타베요-.

06 **도너츠를 먹는 아이들.**
도-나쯔오 타베루 코도모따찌.

07 **이빨이 약해서 딱딱한 것은 먹기 힘듭니다.**
하가 요와이노데 카따이모노와 타베니꾸이데쓰.

08 **당신은 바나나를 먹은 적이 있습니까?**
아나따와 바나나오 타베따 꼬또가 아리마스까.

09 **아직 아침밥을 먹지 않았습니다.**
마다 아사고항오 타베떼 이마셍.

▶▶ 일본어 동사는 종류마다 활용하는 방법이 약간 다르다.

01 **わたし は ごはん を たべます。**
나 는 밥 을 먹습니다.(정중형)

02 **ごはん を たべて テレビ を みます。**
밥 을 먹고 TV 를 봅니다.(て형)

03 **ライオン は くさ を たべない。**
사자 는 풀 을 먹지 않는다.(부정형)

04 **たべれば たべる ほど たべたく なります。**
먹으면 먹을 수록 먹고 싶어 집니다.(가정형)

05 **いっしょに ケーキ を たべよう。**
같이 케이크 를 먹자.(청유형)

06 **ドーナツ を たべる こども たち。**
도너츠 를 먹는 아이 들.(연체형)

07 **は が よわい ので かたい もの は たべにくい です。**
이빨이 약해 서 딱딱한 것 은 먹기 힘듭 니다.(연용형)

08 **あなた は バナナ を たべた こと が ありますか。**
당신 은 바나나 를 먹은 적 이 있습니까?(과거형)

09 **まだ あさ ごはん を たべて いません。**
아직 아침 밥 을 먹지 않았습니다.(て형)

소리로 단어를 익히세요!

코또 : (추상적인) 것   모노 : (구체적인) 것

二時限目
2교시

2교시에는 일본어의 동사와 형용사를 공부합니다. 동사와 형용사는 의미에 따라 뒷부분의 형태가 바뀌는데 이것을 활용이라고 하며, 활용을 하는 단어를 용언이라고 합니다. 다소 어렵게 느껴질 수도 있겠지만 용언의 활용은 일본어 문법에서 가장 중요한 부분이며 이것만 알면 일본어 문법을 거의 마쳤다고 할 수 있습니다. 활용은 외우는 게 아닙니다. 여러 번 읽고 듣고 말하다보면 자연히 익숙해져서 저절로 튀어나오게 되어 있습니다. 1교시에 조사를 공부했으니 이제 동사만 공부하면 일본어 문법은 더 이상 공부할 것이 없습니다. 문법 이후에는 주구장창 단어만 외우면 되는 거죠. 그럼 조금만 더 힘을 내세요!

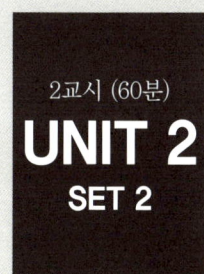

일본어 문법의 처음과 끝, 동사와 형용사

- 1세트 : 동사의 종류
- **2세트 : 동사 활용 연습**
- 3세트 : 형용사, 형용동사
- 4세트 : 형용사, 형용동사 활용 연습

2-05 기본형, 종지형, 연체형

🎧 MP3-2-05

01 まつ.
　　기다리다
　　마쯔.

02 매일 학교へ いく.
　　　　　　　　가다
　　마이니찌 가ㄱ꼬-에 이꾸.

03 이것은 공복に のむ 약입니다.
　　　　　　　　　마시다
　　코레와 쿠-후꾸니 노무 쿠스리데쓰.

04 내가 해 みる.
　　　　　　보다
　　오레가 야ㅅ떼 미루.

05 소문을 しんじる 사람이 많습니다.
　　　　　　믿다
　　우와사오 시ㄴ지루 히또가 오-이데쓰.

06 그는 매일 아침 6시に おきる.
　　　　　　　　　　　일어나다
　　카레와 마이아사 로꾸지니 오끼루.

07 친구と 함께 たべる 도시락.
　　　　　　　　먹다
　　토모다찌또 이ㅅ쇼니 타베루 베ㄴ또-.

08 나는 여기で やめる.
　　　　　　　그만두다
　　오레와 코꼬데 야메루.

09 바빠서 かんがえる 여유가 없다.
　　　　　생각하다
　　이소가시꾸떼 카ㅇ가에루 유또리가 나이.

UNIT 2-05 동사는 종지형=연체형=기본형 동사 원형 그대로.

🎧 MP3 2-05 毎日学校へ行く。

▶▶ 종지형 : 말을 끝맺는 형태.
▶▶ 연체형 : 체언(명사)을 수식하는 형태.

---

01 **待つ**。
　　기다리다.

02 **まいにち がっこう へ 行く**。
　　매일　　학교　에　간다.(반복)

03 **これ は くうふく に 飲む くすり です**。
　　이것 은　공복　에　먹는　약　입니다.

04 **おれ が やって みる**。
　　내　가　해　보겠다.(의지)

05 **うわさ を 信じる ひと が おおい です**。
　　소문　을　믿는　사람 이　많습　니다.

06 **かれ は まいあさ ろく じ に 起きる**。
　　그　는　매일아침　6　시 에　일어난다.(습관)

07 **ともだち と いっしょに 食べる べんとう**。
　　친구　와　함께　　먹는　도시락.

08 **おれ は ここ で やめる**。
　　나　는　여기　서　그만두겠다.(의지)

09 **いそがしくて 考える ゆとり が ない**。
　　바빠서　　생각할　여유　가　없다.

소리로 단어를 익히세요!

오레 : 나　오마에 : 너

2-06 부정형

🎧 MP3-2-06

01 시간은 사람을 ま^{기다리다}たない.
토끼와 히또오 마따나이.

02 학교에 い^{가다}かない 아이가 많습니다.
가ㄱ꼬-니 이까나이 코도모가 오-이데쓰.

03 술을 の^{마시다}まない 사람도 있다.
오사께오 노마나이 히또모 이루.

04 나무를 보고 숲을 み^{보다}ない.
키오 미떼 모리오 미나이.

05 신을 しんじ^{믿다}ない 이유는 무엇입니까?
카미사마오 시ㄴ지나이 리유-와 나ㄴ데스까.

06 아침이 되었지만 아무도 おき^{일어나다}ない.
아사니 나ㅅ따가 다레모 오끼나이.

07 사자는 풀을 たべ^{먹다}ない.
라이오ㅇ와 쿠사오 타베나이.

08 회사를 やめ^{그만두다}ない 이유는 무엇입니까?
카이샤오 야메나이 리유-와 나ㄴ데스까.

09 かんがえ^{생각하다}ない 습관과 하는 책 있습니까?
카ㅇ가에나이 슈-까ㄴ또 이우 호ㅇ 아리마스까.

✂ ----- 잘라서 복습에 사용하세요 -----

UNIT 2-06 부정형=ない 토끼와 히또오 마따나이. 시간은 사람을 기다리지 않는다.

🎧 MP3 2-06 時は人を待たない。

▶▶ 5단동사 부정형 : 어간+aない
▶▶ 1단동사 부정형 : 어간+ない

01　ときはひとを待たない。
　　시간 은 사람 을 기다리지 않는다.

02　がっこうに行かないこどもがおおいです。
　　학교 에 가지 않는 아이 가 많습 니다.

03　おさけを飲まないひともいる。
　　술 을 마시지 않는 사람 도 있다.

04　きをみてもりを見ない。
　　나무 를 보고 숲 을 보지 않는다.

05　かみさまを信じないりゆうはなんですか。
　　신 님 을 믿지 않는 이유 는 무엇 입니 까?

06　あさになったがだれも起きない。
　　아침 이 되었 지만 누구 도 일어나지 않는다.

07　ライオンはくさを食べない。
　　사자 는 풀 을 먹지 않는다.

08　かいしゃをやめないりゆうはなんですか。
　　회사 를 그만두지 않는 이유 는 무엇 입니 까?

09　考えないしゅうかんというほんありますか。
　　생각하지 않는 습관 라고 하는 책 있습니 까?

소리로 단어를 익히세요!

토끼 : 때, 시간　　지까0 : 시간　　지꼬꾸 : 시각

2-07 과거형

🎧 **MP3-2-07**

01 그녀가 오는 것을 ま_{기다리다}った.
   카노죠가 쿠루노오 마ㅅ따.

02 교토に い_{가다}った 적이 있습니다.
   쿄−또니 이ㅅ따 꼬또가 아리마쓰.

03 어제 の_{마시다}んだ 참이슬은 최고でした.
   키노− 논다 챠무이스루와 사이꼬−데시따.

04 외국인の 눈で み_{보다}た 일본.
   가이꼬꾸지ㄴ노 메데 미따 니호o.

05 그를 しんじ_{믿다}た 내가 바보다.
   카레오 시ㄴ지따 와따시가 바까다.

06 오늘은 일찍감치 おき_{일어나다}た.
   쿄−와 하야메니 오끼따.

07 회전초밥을 실컷 たべ_{먹다}た.
   카이떼ㄴ즈시오 오모이끼리 타베따.

08 그는 회사를 やめ_{그만두다}た.
   카레와 카이샤오 야메따.

09 이것은 몸을 かんがえ_{생각하다}た 요리입니다.
   코레와 카라다오 카o가에따 료−리데쓰.

✂ ----- 잘라서 복습에 사용하세요 -----

UNIT 2-07 과거형=た   카레와 카이샤오 야메따. 그는 회사를 그만두었다.

🎧 **MP3 2-07** 彼は会社をやめた。

▶▶ 5단동사 : 어간+음편(발음을 편하게 만들어주는 글자)+た
▶▶ 음편 : く로 끝나는면 い, うつる로 끝나는면 っ, ぬぶむ로 끝나는면 ん
▶▶ 1단동사 : 어간+た

01 **かのじょ が くる の を 待った。**
그녀 가 오는 것 을 기다렸다.

02 **きょうと に 行った こと が あります。**
교토 에 간 적 이 있습니다.

03 **きのう 飲んだ チャムイスル は さいこう でした。**
어제 마셨던 참이슬 은 최고 였습니다.

04 **がいこくじん の め で 見た にほん。**
외국인 의 눈 으로 본 일본.

05 **かれ を 信じた わたし が ばか だ。**
그 를 믿었던 내 가 바보 다.

06 **きょう は はやめに 起きた。**
오늘 은 일찌감치 일어났다.

07 **かいてん ずし を おもいきり 食べた。**
회전 초밥 을 실컷 먹었다.

08 **かれ は かいしゃ を やめた。**
그 는 회사 를 그만두었다.

09 **これ は からだ を 考えた りょうり です。**
이것 은 몸 을 생각한 요리 입니다.

소리로 단어를 익히세요!

쿄ー : 오늘   아시따 : 내일   키노ー : 어제

2-08 정중형

🎧 MP3-2-08

01 아이폰을 か^{사다}いますか, 갤럭시를 かいますか?
아이후오-ㅇ오 카이마스까, 기야라꾸시-오 카이마스까?

02 지금 만나러 ゆ^{가다}きます.
이마 아이니 유끼마쓰.

03 야마다 씨는 매일 맥주를 の^{마시다}みます.
야마다사ㅇ와 마이니찌 비-루오 노미마쓰.

04 오늘은 새로운 것을 먹어 み^{보다}ます.
쿄-와 아따라시- 모노오 타베떼 미마쓰.

05 당신은 한눈에 반함을 しんじます か?
아나따와 히또메보레오 시ㄴ지마쓰까.

06 다나카 씨는 6시에 おき^{일어나다}ます.
타나까사ㅇ와 로꾸지니 오끼마스.

07 나는 무엇이든 잘 たべ^{먹다}ます.
와따시와 나ㄴ데모 요꾸 타베마쓰.

08 저, 7월 15일에 회사를 やめ^{그만두다}ます.
와따시, 시찌가쯔 쥬-고니찌니 카이샤오 야메마쓰.

09 뇌사에 대해서 저는 이렇게 かんがえ^{생각하다}ます.
노-시니 쯔이떼 와따시와 코- 카ㅇ가에마쓰.

UNIT 2-08 정중형=ます 이마 아이니 유끼마쓰. 지금 만나러 갑니다.

🎧 MP3 2-08 今、会いに行きます。

▶▶ 5단동사 정중형 : 어간+iます
▶▶ 1단동사 정중형 : 어간+ます

01　iPhoneを かいます か？ GALAXYを かいます か？
　　아이폰 을　사겠습니 까?　　갤럭시 를　사겠습니 까?

02　いま あいに ゆきます。
　　지금 만나 러　갑니다.

03　やまだ さん は まいにち ビール を のみます。
　　야마다　씨　는　매일　　　맥주　를　마십니다.

04　きょう は あたらしい もの を たべて みます。
　　오늘　은　새로운　　　것　을　먹어　보겠습니다.

05　あなた は ひとめぼれ を しんじます か？
　　당신　은　한눈에 반함　을　믿습니　까?

06　たなか さん は 6時に おきます。
　　다나카　씨　는　6시 에　일어납니다.

07　わたし は なん でも よく たべます。
　　나　는　무엇　이든　잘　먹습니다.

08　わたし、7月15日に かいしゃ を やめます。
　　저,　　7월 15일　에　회사　를 그만두겠습니다.

09　のうし について わたし は こう かんがえます。
　　뇌사　에 대해서　저　는　이렇게　생각합니다.

소리로 단어를 익히세요!

코또 : (형태가 없는 사실) 것　　모노 : (형태가 있는 사물) 것

2-09 연용형

🎧 MP3-2-09

01 **기다리다** + 계속하다 = 계속 **기다리다**
마쯔 + 쯔즈케루 = 마찌쯔즈케루

02 **가다** + 쉽다 = **가기** 쉽다
이꾸 + 야스이 = 이끼야스이

03 **마시다** + 지나치다 = 과**음**하다
노무 + 스기루 = 노미스기루

04 **보다** + 돌리다 = 둘러**보다**
미루 + 마와스 = 미마와스.

05 **믿다** + 어렵다 = **믿기** 어렵다
시ㄴ지루 + 가따이 = 시ㄴ지가따이

06 **일어나다** + 쉽다 = **일어나기** 쉽다
오끼루 + 야스이 = 오끼야스이

07 **먹다** + 지나치다 = 과**식**하다
타베루 + 스기루 = 타베스기루

08 **그만두다** + 하고 싶다 = **그만두고** 싶다
야메루 + 타이 = 야메따이

09 **생각하다** + 고치다 = 다시 **생각하다**
카ㅇ가에루 + 나오스 = 카ㅇ가에나오스

✂ ---- 잘라서 복습에 사용하세요 ----

UNIT 2-09 연용형 – 용언과 연결   마찌쯔즈께루. 계속 기다리다.

🎧 MP3 2-09 待ち続ける。

▶▶ 5단동사 연용형 : 어간+i용언(동사, 형용사)
▶▶ 1단동사 연용형 : 어간+용언(동사, 형용사)
▶▶ ます는 정중함을 나타내는 조동사이기 때문에 정중형도 연용형에 속한다.

01 待つ ＋ 続ける ＝ 待ち続ける
    기다리다   계속하다   계속 기다리다

02 行く ＋ やすい ＝ 行きやすい
    가다   쉽다   가기 쉽다(동사+형용사=형용사)

03 飲む ＋ すぎる ＝ 飲みすぎる
    마시다   지나치다   과음하다

04 見る ＋ まわす ＝ 見まわす
    보다   돌리다   둘러보다

05 信じる ＋ がたい ＝ 信じがたい
    믿다   어렵다   믿기 어렵다(동사+형용사=형용사)

06 起きる ＋ やすい ＝ 起きやすい
    일어나다   쉽다   일어나기 쉽다(동사+형용사=형용사)

07 食べる ＋ すぎる ＝ 食べすぎる
    먹다   지나치다   과식하다

08 やめる ＋ たい ＝ やめたい
    그만두다 하고 싶다 그만두고 싶다(동사+형용사=형용사)

09 考える ＋ なおす ＝ 考えなおす
    생각하다 고치다   다시 생각하다

소리로 단어를 익히세요!

이찌 : 일   쥬- : 십   햐꾸 : 백   세ㅇ : 천   마ㅇ : 만

2-10 가정형

🎧 MP3-2-10

01 ま**て**ば 기회는 온다.
마떼바 챤스와 쿠루.

02 당신이 い**けば** 나도 간다.
아나따가 이께바 와따시모 이꾸.

03 캔 커피는 の**めば** 마실수록 졸려집니다.
칸꼬-히-와 노메바 노무호도 네무꾸 나리마쓰.

04 지갑을 み**れば** 어떤 사람가 알게 된다.
사이후오 미레바 도ㄴ나 히또까 와까루.

05 しんじ**れば** 꿈은 이루어진다.
시ㄴ지레바 유메와 카나우.

06 빨리 おき**れば** 인생가 바뀐다.
하야꾸 오끼레바 지ㄴ세-가 카와루.

07 야채를 たべ**れば** 건강해집니다.
야사이오 타베레바 케ㅇ꼬-니 나리마쓰.

08 싫으면 やめ**れば** 되잖아.
이야나라 야메레바 이-쟈나이.

09 심플하게 かんがえ**れば** 심플합니다.
시ㅁ뿌루니 카ㅇ가에레바 시ㅁ뿌루데쓰.

UNIT 2-10 **가정형=ば**   시ㄴ지레바 유메와 카나우. 믿으면 꿈은 이루어진다.

🎧 MP3 2-10 信じれば夢は叶う。

▶▶ 5단동사 명령형 : 어간+eば
▶▶ 1단동사 명령형 : 어간+れば

01 **待てば** チャンス は くる。
　　기다리면　　기회　　는　온다.

02 あなた が **行けば** わたし も いく。
　　당신　이　가면　　나　도　간다.

03 かん コーヒー は **飲めば** のむ ほど ねむく なります。
　　캔　　커피　는　마시면　마실 수록　졸려　　집니다.

04 さいふ を **見れば** どんな ひと か わかる。
　　지갑　을　보면　　어떤　사람 인지 알게 된다.

05 **信じれば** ゆめ は かなう。
　　믿으면　　꿈　은 이루어진다.

06 はやく **起きれば** じんせい が かわる。
　　빨리　일어나면　　인생　이　바뀐다.

07 やさい を **食べれば** けんこう に なります。
　　야채　를　먹으면　　건강　해　집니다.

08 いやなら **やめれば** いいじゃない。
　　싫으면　그만두면　　되잖아.

09 シンプル に **考えれば** シンプル です。
　　심플　하게　생각하면　심플　합니다.

소리로 단어를 익히세요!

데ㅇ와 : 전화　　바ㅇ고- : 번호

2-11 명령형

🎧 MP3-2-11

01 여기で まて.
코꼬데 마떼

02 빨리 いけ.
하야꾸 이께

03 맥주라도 のめ.
비-루데모 노메

04 한 번 더 말해 みろ.
모- 이찌도 이ㅅ떼 미로

05 자기의 직감을 しんじろ.
지부ㄴ노 쵸ㄱ까ㅇ오 시ㄴ지로

06 아침이 왔다. おきろ.
아사가 키따. 오끼로

07 천천히 たべろ.
유ㄱ꾸리 타베로

08 어이, やめろ.
오이, 야메로

09 자기의 머리로 かんがえろ.
지부ㄴ노 아따마데 카ㅇ가에로

-----✂----- 잘라서 복습에 사용하세요 -----

UNIT 2-11 **명령형** 하야꾸 이께! 빨리 가라!

🎧 MP3 2-11 はやく行け。

▶▶ 5단동사 : 어간+e
▶▶ 1단동사 : 어간+ろ

01 ここ で 待て。
    여기 에서 기다려.

02 はやく 行け。
    빨리 가라.

03 ビール でも 飲め。
    맥주 라도 마셔라.

04 もう いちど いって 見ろ。
    더 한번 말해 봐라.

05 じぶん の ちょっかん を 信じろ。
    자기 의 직감 을 믿어라.

06 あさ が きた。起きろ。
    아침 이 왔다. 일어나라.

07 ゆっくり 食べろ。
    천천히 먹어라.

08 おい、やめろ。
    어이, 그만해라.

09 じぶん の あたま で 考えろ。
    자기 의 머리 로 생각해라.

소리로 단어를 익히세요!

아사 : 아침   히루 : 낮   요루 : 밤

2-12 청유형

🎧 MP3-2-12

01 울 때까지 まとう, 두견새여.
나꾸마데 마또-, 호또또기스

02 하늘의 끝까지 いこう.
소라노 하떼마데 이꼬-

03 그럼, 각자부담으로 のもう.
쟈, 와리깡데 노모-

04 가끔은 하늘을 みよう.
타마니와 소라오 미요-

05 1%의 기적을 しんじよう.
이찌빠-센또노 키세끼오 신지요-

06 매일 아침 같은 시간에 おきよう.
마이아사 오나지 지깐니 오끼요-

07 라면이라도 たべようか?
라-멘데모 타베요-까

08 그 이야기는 やめよう.
소노 하나시와 야메요-

09 먹기 전에 칼로리를 かんがえよう.
타베루 마에니 카로리-오 캉가에요-

 잘라서 복습에 사용하세요

UNIT 2-12 청유형 라-멘데모 타베요-까. 라면이라도 먹을까?

🎧 MP3 2-12 ラーメンでも食べようか.

▶▶ 5단동사 : 어간+お う
▶▶ 1단동사 : 어간+よう

01 なく まで 待とう、ほととぎす。
    울 때 까지 기다리겠노라,   두견새.

02 そら の はて まで 行こう。
    하늘 의 끝   까지   가자.

03 じゃ、わりかん で 飲もう。
    그럼,   각자부담   으로 마시자.

04 たま に は そら を 見よう。
    가끔   은 하늘 을 보자.

05 1％ の きせき を 信じよう。
    1%   의 기적   을   믿자.

06 まいあさ おなじ じかん に 起きよう。
    매일 아침 같은   시간   에 일어나자.

07 ラーメン でも 食べよう か。
    라면   이라도   먹을   까?

08 その はなし は やめよう。
    그   이야기 는 관두자.

09 たべる まえ に カロリー を 考えよう。
    먹기   전 에   칼로리   를 생각하자.

소리로 단어를 익히세요!
아오이 : 파랗다   아까이 : 빨갛다   시로이 : 희다   쿠로이 : 검다

97

2-13 て형

🎧 MP3-2-13

01 　しょうしょう ま**っ**て ください。
　　쵸ㅅ또 마ㅅ떼 쿠다사이

02 　死ぬ 前に い**っ**て 見たい 場所が ある。
　　시누 마에니 이ㅅ떼 미따이 바쇼가 아루

03 　나는 매일 아침 우유를 の**ん**で います。
　　와따시와 마이아사 규-뉴-오 노ㄴ데 이마쓰

04 　마리아 님이 み**て** いる。
　　마리아 사마가 미떼 이루

05 　나를 しんじ**て** ください。
　　와따시오 시ㄴ지떼 쿠다사이

06 　어제는 밤 늦게까지 おき**て** いた。
　　키노-와 요루 오소꾸마데 오끼떼 이따

07 　점심밥은 아직 たべ**て** いない。
　　히루고항와 마다 타베떼 이나이

08 　이제 됐으니까 やめ**て** ください。
　　모- 이-까라 야메떼 쿠다사이

09 　지금 무엇을 かんがえ**て** いますか?
　　이마 나니오 캉가에떼 이마스까

▶▶ 5단동사 : 어간+음편(발음을 편하게 만들어주는 글자)+て
▶▶ 음편 : く로 끝나는면 い, うつる로 끝나는면 っ, ぬぶむ로 끝나는면 ん
▶▶ 1단동사 : 어간+て

01 ちょっと 待って ください。
    잠깐   기다려 주세요.

02 しぬ まえ に 行って みたい ばしょ が ある。
    죽기 전 에   가   보고 싶은 장소   가 있다.

03 わたし は まいあさ ぎゅうにゅう を 飲んで います。
    나   는 매일 아침   우유   를 마시고 있습니다.

04 マリア さま が 見て いる。
    마리아 님 이 보고 있다.

05 わたし を 信じて ください。
    나   를 믿어   주세요.

06 きのう は よる おそく まで 起きて いた。
    어제 는 밤   늦게 까지 깨어 있었다.

07 ひる ごはん は まだ 食べて いない。
    점심 밥   은 아직 먹지 않았다.

08 もう いい から やめて ください。
    이제 됐으 니까 그만해 주세요.

09 いま なに を 考えて います か。
    지금 무엇 을 생각하고 있습니 까?

소리로 단어를 익히세요!

오까네 : 돈   코이오 : 동전   오쯔리 : 잔돈

2-14 て형

🎧 **MP3-2-14**

01 　당신의 전화를 ま**っ**て 있었다.
　　아나따노 데ㅇ와오 마ㅅ떼 이따

02 　い**っ**て 오겠습니다.
　　이ㅅ떼 키마쓰

03 　맥주를 の**ん**でも 됩니까?
　　비-루오 노ㄴ데모 이-데스까

04 　나무를 み**て** 숲을 보지 않는다.
　　키오 미떼 모리오 미나이

05 　약속을 しんじ**て** 기다리고 있다.
　　야꾸소꾸오 시ㄴ지떼 마ㅅ떼 이루

06 　무엇이 おき**て** 있는가 모른다.
　　나니가 오끼떼 이루까 와까라나이

07 　그들은 たべ**て** 마시며 파티를 하고 있다.
　　카레라와 타베떼 노ㄴ데 빠-띠-오 시떼 이루

08 　회사를 やめ**て** 독립했다.
　　카이샤오 야메떼 도꾸리쯔시따

09 　잘 かんがえ**て** 봐라!
　　요꾸 카ㅇ가에떼 미로

▶▶ 5단동사 : 어간+음편(발음을 편하게 만들어주는 글자)+て
▶▶ 음편 : く로 끝나는면 い, うつる로 끝나는면 っ, ぬぶむ로 끝나는면 ん
▶▶ 1단동사 : 어간+て

01　あなた の でんわ を 待って いた。
　　　당신　의　전화　를　기다리고　있었다.

02　行って きます。
　　　갔다　오겠습니다.

03　ビール を 飲んで も いい です か。
　　　맥주　를　마셔　도　됩　니　까?

04　き を 見て もり を みない。
　　　나무 를　보고　숲　을 보지 않는다.

05　やくそく を 信じて まって いる。
　　　약속　을　믿고　기다리고　있다.

06　なに が 起きて いる か わからない。
　　　무엇　이　일어나고　있는　지　모른다.

07　かれら は 食べて のんで パーティー を して いる。
　　　그 들은　먹고　마시며　파티　를 하고　있다.

08　かいしゃ を やめて どくりつ した。
　　　회사　를　그만두고　독립　했다.

09　よく 考えて みろ。
　　　잘　생각해　봐라!

소리로 단어를 익히세요!
쇼-네ㅇ : 소년　쇼-죠 : 소녀　와까모노 : 젊은이

101

동사 활용표

	기본형	부정형	과거형	정중형
5단동사	いう iu 말하다	いわない iwanai 말하지 않다	いった itta 말했다	いいます iimasu 말합니다
	かく kaku 쓰다	かかない kakanai 쓰지 않다	かいた kaita 썼다	かきます kakimasu 씁니다
	はなす hanasu 이야기하다	はなさない hanasanai 이야기하지 않다	はなした hanashita 이야기했다	はなします hanashimasu 이야기합니다
	まつ matsu 기다리다	またない matanai 기다리지 않다	まった matta 기다렸다	まちます machimasu 기다립니다
	しぬ shinu 죽다	しなない shinanai 죽지 않다	しんだ shinda 죽었다	しにます shinimasu 죽습니다
	あそぶ asobu 놀다	あそばない asobanai 놀지 않다	あそんだ asonda 놀았다	あそびます asobimasu 놉니다
	よむ yomu 읽다	よまない yomanai 읽지 않다	よんだ yonda 읽었다	よみます yomimasu 읽습니다
	のる noru 타다	のらない noranai 타지 않다	のった notta 탔다	のります norimasu 탑니다
상1단동사	みる miru 보다	みない minai 보지 않다	みた mita 보았다	みます mimasu 봅니다
	しんじる shinjiru 믿다	しんじない shinjinai 믿지 않다	しんじた shinjita 믿었다	しんじます shinjimasu 믿습니다
상1단동사	でる deru 나오다	でない denai 나오지 않다	でた deta 나왔다	でます demasu 나옵니다
	たべる taberu 먹다	たべない tabenai 먹지 않다	たべた tabeta 먹었다	たべます tabemasu 먹습니다
カ행 변격동사	くる kuru 오다	こない konai 오지 않다	きた kita 왔다	きます kimasu 옵니다
サ행 변격동사	する suru 하다	しない shinai 하지 않다	した shita 했다	します shimasu 합니다

연용형	가정형	명령형	청유형	て형
いい ii 말하고(싶다)	いえば ieba 말하면	いえ ie 말해라	いおう iou 말하자	いって itte 말해(주세요)
かき kaki 쓰고(싶다)	かけば kakeba 쓰면	かけ kake 써라	かこう kakou 쓰자	かいて kaite 써(주세요)
はなし hanashi 이야기하고(싶다)	はなせば hanaseba 이야기하면	はなせ hanase 이야기해라	はなそう hanasou 이야기하자	はなして hanashite 이야기해(주세요)
まち machi 기다리고(싶다)	まてば mateba 기다리면	まて mate 기다려라	まとう matou 기다리자	まって matte 기다려(주세요)
しに shini 죽고(싶다)	しねば shineba 죽으면	しね shine 죽어라	しのう shinou 죽자	しんで shinde 죽어(주세요)
あそび asobi 놀고(싶다)	あそべば asobeba 놀면	あそべ asobe 놀아라	あそぼう asobou 놀자	あそんで asonde 놀아(주세요)
よみ yomi 읽고(싶다)	よめば yomeba 읽으면	よめ yome 읽어라	よもう yomou 읽자	よんで yonde 읽어(주세요)
のり nori 타고(싶다)	のれば noreba 타면	のれ nore 타라	のろう norou 타자	のって notte 타(주세요)
み mi 보고(싶다)	みれば mireba 보면	みろ miro 보아라	みよう miyou 보자	みて mite 봐(주세요)
しんじ shinji 믿고(싶다)	しんじれば shinjireba 믿으면	しんじろ shinjiro 믿어라	しんじよう shinjiyou 믿자	しんじて shinjite 믿어(주세요)
で de 나오고(싶다)	でれば dereba 나오면	でろ dero 나와라	でよう deyou 나오자	でて dete 나와(주세요)
たべ tabe 먹고(싶다)	たべれば tabereba 먹으면	たべろ tabero 먹어라	たべよう tabeyou 먹자	たべて tabete 먹어(주세요)
き ki 오고(싶다)	くれば kureba 오면	こい koi 와라	こよう koyou 오자	きて kite 와(주세요)
し shi 하고(싶다)	すれば sureba 하면	しろ shiro 해라	しよう shiyou 하자	して shite 해(주세요)

당장은 외울 필요 없는 5단동사의 음편형

음편은 동사를 활용할 때 발음하기 편하게 해주는 역할을 합니다.
음편은 5단동사에서만 나타납니다.
す로 끝나는 5단동사는 음편이 일어나지 않습니다.
동사에 て、た、たら、たり 가 연결될 때 생깁니다.

い 음편(이음편) : **くぐ** 로 끝나는 5단동사
かく 쓰다 かいて 쓰고 かいた 썼다
きく 듣다 きいて 듣고 きいた 들었다
およぐ 헤엄치다 およいで 헤엄치고 およいだ 헤엄쳤다
ぐ 로 끝나는 5단동사는 だ、だり 가 붙습니다.

っ 음편(촉음편) : **うつる** 로 끝나는 5단동사
いう 말하다 いって 말하고 いった 말했다
まつ 기다리다 まって 기다리고 まった 기다렸다
のる 타다 のって 타고 のった 탔다
*いく 가다 いって 가고 いった 갔다
いく 는 예외적으로 촉음편입니다.

ん 음편(발음편) : **ぬぶむ** 로 끝나는 5단동사
よむ 읽다 よんで 읽고 よんだ 읽었다
あそぶ 놀다 あそんで 놀고 あそんだ 놀았다
しぬ 죽다 しんで 죽고 しんだ 죽었다
ぬぶむ 로 끝나는 5단동사는 **だ、だり** 가 붙습니다.

二時限目
2교시

2교시에는 일본어의 동사와 형용사를 공부합니다. 동사와 형용사는 의미에 따라 뒷부분의 형태가 바뀌는데 이것을 활용이라고 하며, 활용을 하는 단어를 용언이라고 합니다. 다소 어렵게 느껴질 수도 있겠지만 용언의 활용은 일본 문법에서 가장 중요한 부분이며 이것만 알면 일본어 문법을 거의 마쳤다고 할 수 있습니다. 활용은 외우는 게 아닙니다. 여러 번 읽고 듣고 말하다보면 자연히 익숙해져서 저절로 튀어나오게 되어 있습니다. 1교시에 조사를 공부했으니 이제 동사만 공부하면 일본어 문법은 더 이상 공부할 것이 없습니다. 문법 이후에는 주구장창 단어만 외우면 되는 거죠. 그럼 조금만 더 힘을 내세요!

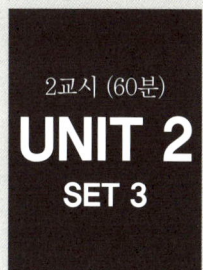

일본어 문법의 처음과 끝, 동사와 형용사

- 1세트 : 동사의 종류
- 2세트 : 동사 활용 연습
- **3세트 : 형용사, 형용동사**
- 4세트 : 형용사, 형용동사 활용 연습

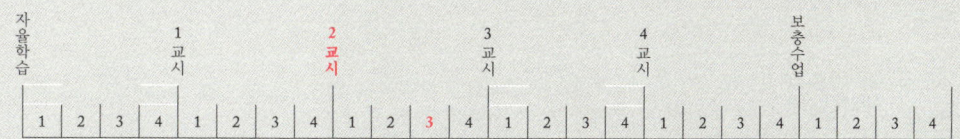

2-16 형용사

🎧 MP3-2-16

01 **크**다, **작**다
오-끼이, 찌-사이

02 **많**다, **적**다
오-이, 스꾸나이

03 **좋**다, **나쁘**다
요이, 와루이

04 **덥**다, **춥**다
아쯔이, 사무이

05 **기쁘**다, **슬프**다
우레시이, 카나시이

06 **빠르**다, **느리**다
하야이, 오소이

07 **멀**다, **가깝**다
토-이, 찌까이

08 **맛있**다, **맛없**다
오이시이, 마즈이

09 **길**다, **짧**다
나가이, 미지까이

 잘라서 복습에 사용하세요

UNIT 2-16 형용사는 い로 끝난다.

🎧 MP3 2-16 よい 좋다   わるい 나쁘다   とおい 멀다   ちかい 가깝다

▶▶ 일본어의 형용사는 い로 끝난다.

01　おおき**い**、ちいさ**い**
　　　크다　　　작다

02　おお**い**、すくな**い**
　　　많다　　　적다

03　よ**い**、わる**い**
　　좋다　　나쁘다

04　あつ**い**、さむ**い**
　　　덥다　　　춥다

05　うれし**い**、かなし**い**
　　　기쁘다　　　슬프다

06　はや**い**、おそ**い**
　　　빠르다　　느리다

07　とお**い**、ちか**い**
　　　멀다　　　가깝다

08　おいし**い**、まず**い**
　　　맛있다　　맛없다

09　なが**い**、みじか**い**
　　　길다　　　짧다

소리로 단어를 익히세요!

요야꾸 : 예약　캬ㄴ세루 : 취소　토리께시 : 취소

2-17 형용사 활용의 예

🎧 MP3-2-17

01 바다는 깊고 하늘은 たか(높다)い.
우미와 후까꾸떼 소라와 타까이

02 라면은 칼로리가 たかい 음식입니다.
라-메ㄴ와 카로리-가 타까이 타베모노데쓰

03 하늘은 たか✗くて 바다는 깊다.
소라와 타까꾸떼 우미와 후까이

04 그날의 하늘은 たか✗かった.
소노히노 소라와 타까까ㅅ따

05 후지산은 그다지 たか✗くない.
후지사ㅇ와 아마리 타까꾸나이

06 라면은 칼로리가 たかいです.
라-메ㄴ와 카로리-가 타까이데쓰

07 たか✗ければ 높을수록 올라가고 싶다.
타까께레바 타까이호도 노보리타이

08 명품은 가격도 たかいだろう.
부라ㄴ도히ㅇ와 네다ㅁ모 타까이다로-

09 たか✗く 올라가면 떨어지는 것도 세차다.
타까꾸 아가레바 오찌루노모 하게시-.

UNIT 2-17 형용사는 い를 떼고 활용한다.

🎧 MP3 2-17 空は高くて海は深い。

▶▶ 형용사는 활용할 때 어미 い가 떨어져 나간다.

01 うみ は ふかくて、そら は 高い。
    바다 는   깊고   하늘 은 높다.

02 ラーメン は カロリー が 高い たべもの です。
    라면   은 칼로리   가 높은 음식   입니다.

03 そら は 高くて、うみ は ふかい。
    하늘 은 높고   바다 는   깊다.

04 そのひのそらは 高かった。
    그 날 의 하늘 은 높았다.

05 ふじさん は あまり 高く ない。
    후지산   은 그다지 높지 않다.

06 ラーメン は カロリー が 高い です。
    라면   은 칼로리   가 높습 니다.

07 高ければ 高い ほど のぼり たい。
    높으면   높을 수록 올라가고 싶다.

08 ブランド品 は ねだん も 高い だろう。
    명품   은 가격   도 높 겠지.

09 高く あがれば おちる の も はげしい。
    높게 올라가면 떨어지는 것 도 세차다.

소리로 단어를 익히세요!

하룻밤 : 히또요   이틀밤 : 후따요   숙박하다 : 토마루

2-18 형용동사

🎧 MP3-2-18

01 **깨끗**하다
   키레-다

02 **조용**하다
   시즈까다

03 **좋아**하다
   스끼다

04 **행복**하다
   시아와세다

05 **편리**하다
   베ㄴ리다

06 **친절**하다
   시ㄴ세쯔다

07 **괜찮**다
   다이죠-부다

08 **핸섬**하다
   하ㄴ사무다

09 **스마트**하다
   스마-또다

✂ ---- 잘라서 복습에 사용하세요 ----

UNIT 2-18 형용동사는 だ로 끝난다.

🎧 MP3 2-18 きれいだ しずかだ 便利だ スマートだ

▶▶ 일본어의 형용동사는 だ로 끝나며 사물의 성질이나 상태를 나타낸다.
▶▶ 상태나 성질을 나타내는 한자어, 영어의 형용사를 차용한 단어가 많다.
▶▶ 외형은 다르지만 의미상으로는 형용사와 완전히 같다.

01 **きれいだ**
깨끗하다

02 **しずかだ**
조용하다

03 **すきだ**
좋아하다

04 **しあわせだ**
행복하다

05 **便利だ**
편리하다

06 **親切だ**
친절하다

07 **大丈夫だ**
괜찮다

08 **ハンサムだ**
핸섬하다

09 **スマートだ**
스마트하다

소리로 단어를 익히세요!

하루 : 봄   나쯔 : 여름   아끼 : 가을   후유 : 겨울

111

2-19 형용동사 활용의 예

🎧 MP3-2-19

01 이 방은 しずか<strike>だ</strike>.
    (조용하다)
    코노 헤야와 시즈까다.

02 더 しずか<strike>だ</strike>な 방은 없습니까?
    모ㅅ또 시즈까나 헤야와 아리마세ㅇ까.

03 낮은 しずか<strike>だ</strike>で 밤은 시끄럽다.
    히루와 시즈까데 요루와 우루사이.

04 10년 전에는 도쿄도 しずか<strike>だ</strike>だった.
    쥬-넴 마에와 토-꾜-모 시즈까다ㄷ따.

05 이 방은 그다지 しずか<strike>だ</strike>ではない.
    코노 헤야와 아마리 시즈까데와나이.

06 겨울의 바다는 しずか<strike>だ</strike>です.
    후유노 우미와 시즈까데쓰.

07 조금 더 しずか<strike>だ</strike>なら 베리굿입니다.
    모- 스꼬시 시즈까나라 베리-구ㅅ도데쓰.

08 밤은 낮보다 しずか<strike>だ</strike>だろう.
    요루와 히루요리 시즈까다로-.

09 깊은 강은 しずか<strike>だ</strike>に 흐른다.
    후까이 우미와 시즈까니 나가레루.

✂ ----- 잘라서 복습에 사용하세요 -----

UNIT 2-19 형용동사는 だ를 떼고 활용한다.

🎧 MP3 2-19 深い川は静かに流れる。

▶▶ 형용동사는 활용할 때 어미 だ가 떨어져 나간다.
▶▶ 명사를 수식할 때 な가 붙기 때문에 な형용사라고도 한다.

01 この へや は 静かだ。
    이   방 은 조용하다.(종지형)

02 もっと 静かな へや は ありません か。
    더   조용한   방 은   없습니   까?(연체형)

03 ひる は 静かで よる は うるさい。
    낮   은 조용하고 밤 은   시끄럽다.(중지형)

04 じゅう ねん まえ は とうきょう も 静かだった。
    10   년   전 은   도쿄   도 조용했다.(과거형)

05 この へや は あまり 静かではない。
    이   방 은   그다지 조용하지 않다.(부정형)

06 ふゆ の うみ は 静かです。
    겨울 의 바다 는   조용합니다.(정중형)

07 もう すこし 静かなら ベリーグッド です。
    더   조금   조용하면   very good   입니다.(가정형)

08 よる は ひる より 静かだろう。
    밤   은 낮   보다 조용하겠지.(추측형)

09 ふかい かわ は 静かに ながれる。
    깊은   강   은 조용히 흐른다.(연용형)

소리로 단어를 익히세요!

고제o : 오전   고고 : 오후

二時限目
2교시

2교시에는 일본어의 동사와 형용사를 공부합니다. 동사와 형용사는 의미에 따라 뒷부분의 형태가 바뀌는데 이것을 활용이라고 하며, 활용을 하는 단어를 용언이라고 합니다. 다소 어렵게 느껴질 수도 있겠지만 용언의 활용은 일본어 문법에서 가장 중요한 부분이며 이것만 알면 일본어 문법을 거의 마쳤다고 할 수 있습니다. 활용은 외우는 게 아닙니다. 여러 번 읽고 듣고 말하다보면 자연히 익숙해져서 저절로 튀어나오게 되어 있습니다. 1교시에 조사를 공부했으니 이제 동사만 공부하면 일본어 문법은 더 이상 공부할 것이 없습니다. 문법 이후에는 주구장창 단어만 외우면 되는 거죠. 그럼 조금만 더 힘을 내세요!

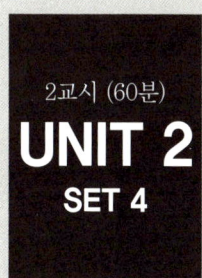

2교시 (60분)
UNIT 2
SET 4

일본어 문법의 처음과 끝, 동사와 형용사

- 1세트 : 동사의 종류
- 2세트 : 동사 활용 연습
- 3세트 : 형용사, 형용동사
- **4세트 : 형용사, 형용동사 활용 연습**

2-20 기본형, 종지형, 연체형

🎧 MP3-2-20

01 일본の 여름은 매우 あつい.
   니호ㄴ노 나쯔와 토떼모 아쯔이.

02 あつい 여름.
   아쯔이 나쯔.

03 이 책은 매우 むずかしい.
   코노 호ㅇ와 토떼모 무즈까시이.

04 매우 むずかしい 책.
   토떼모 무즈까시이 호ㅇ.

05 이 방은 しずかだ.
   코노 헤야와 시즈까다.

06 しずかな 방.
   시즈까나 헤야.

07 나는 사과를 すきだ.
   와따시와 리ㅇ고가 스끼다.

08 내가 すきな 사과.
   와따시노 스끼나 리ㅇ고.

✂ ----- 잘라서 복습에 사용하세요 -----

UNIT 2-20 연체형 아쯔이 나쯔, 시즈까나 헤야, 더운 여름, 조용한 방.

🎧 MP3 2-20 暑い夏、静かな部屋。

▶▶ 종지형 : 기본형=종지형
▶▶ 연체형 : 형용사는 기본형+체언, 형용동사는 な+체언

---

01 日本 の なつ は とても 暑い。
    일본 의 여름 은 매우 덥다.

02 暑い なつ。
    더운 여름.

03 この ほん は とても 難しい。
    이   책 은 매우   어렵다.

04 とても 難しい ほん。
    매우   어려운 책.

05 この へや は 静かだ。
    이   방 은 조용하다.

06 静かな へや。
    조용한 방.

07 わたし は りんご が 好きだ。
    나   는 사과   를 좋아한다.

08 わたし の 好きな りんご。
    내   가 좋아하는 사과.

소리로 단어를 익히세요!

메 : 눈   하나 : 코   쿠찌 : 입   미미 : 귀

2-21 부정형

🎧 MP3-2-21

01 한국의 여름은 あつ⦸くない.
   카。꼬꾸노 나쯔와 아쯔꾸나이

02 あつ⦸くない 한국의 여름.
   아쯔꾸나이 카。꼬꾸노 나쯔

03 이 책은 たか⦸くない.
   코노 호。와 타까꾸나이

04 たか⦸くない 이 책.
   타까꾸나이 코노 호。

05 이 방은 しずか⦸ではない.
   코노 헤야와 시즈까데와나이

06 しずか⦸ではない 방.
   시즈까데와나이 헤야

07 저 사람은 그다지 しんせつ⦸ではない.
   아노 히또와 아마리 시ㄴ세쯔데와나이

08 しんせつ⦸ではない 사람.
   시ㄴ세쯔데와나이 히또

✂ ---- 잘라서 복습에 사용하세요 ----

UNIT 2-21 부정형 타까꾸나이, 시즈까데와나이. 높지 않다, 조용하지 않다.

🎧 MP3 2-21 高くない、静かではない.

▶▶ 형용사 부정형 : く+ない
▶▶ 형용동사 부정형 : では+ない

01 　韓国の なつは 暑く ない。
　　　한국 의 여름 은 덥지 않다.

02 　暑く ない 韓国の なつ。
　　　덥지 않은 한국 의 여름.

03 　この 本は 高く ない。
　　　이 책 은 비싸지 않다.

04 　高く ない この 本。
　　　비싸지 않은 이 책.

05 　この 部屋は 静か ではない。
　　　이 방 은 조용하지 않다.

06 　静か ではない 部屋。
　　　조용하지 않은 방.

07 　あの 人は あまり 親切 ではない。
　　　저 사람 은 그다지 친절하지 않다.

08 　親切 ではない 人。
　　　친절하지 않은 사람.

소리로 단어를 익히세요!

테 : 팔　　아시 : 다리　　아따마 : 머리　　무네 : 가슴

2-22 과거형

🎧 MP3-2-22

01 작년の 여름は 매우 あつ❌かった.
쿄네ㄴ노 나쯔와 토떼모 아쯔까ㅅ따.

02 매우 あつ❌かった 작년 여름.
토떼모 아쯔까ㅅ따 쿄네ㄴ노 나쯔.

03 딸기 케이크は 매우 おいし❌かった.
이찌고 케-끼와 토떼모 오이시까ㅅ따.

04 おいし❌かった 케이크.
오이시까ㅅ따 케-끼.

05 그녀の 방は しずか❌だった.
카노죠노 헤야와 시즈까다ㅅ따.

06 しずか❌だった 그녀の 방.
시즈까다ㅅ따 카노죠노 헤야.

07 그는 생각보다 ハンサム❌だった.
카레와 오모ㅅ따요리 하ㄴ사무다ㅅ따.

08 그の ハンサム❌だった 얼굴.
카레노 하ㄴ사무다ㅅ따 카오.

UNIT 2-22 **과거형** 아쯔까ㅅ따. 시즈까다ㅅ따. 더웠다. 조용했다.

🎧 MP3 2-22 暑かった。静かだった。

▶▶ 형용사 과거 : かった
▶▶ 형용동사 과거 : だった

01 きょねん の 夏 は とても 暑かった。
　　작년　　의 여름 은　매우　　더웠다.

02 とても 暑かった きょねん の 夏。
　　매우　더웠던　　작년　　의 여름.

03 いちご ケーキ は とても おいしかった。
　　딸기　　케이크 는　매우　　맛있었다.

04 おいしかった ケーキ。
　　맛있었던　　케이크.

05 彼女 の 部屋 は しずか だった。
　　그녀 의　방　은　조용　　했다.

06 しずか だった 彼女 の 部屋。
　　조용　했던　그녀 의　방.

07 彼 は おもった より ハンサム だった。
　　그 는　생각　보다　핸섬　　했다.

08 彼 の ハンサム だった 顔。
　　그 의　핸섬　　했던 얼굴.

소리로 단어를 익히세요!

오까-상 : 어머니　　오또-상 : 아버지

2-23 정중형

🎧 MP3-2-23

01 日本の 夏は とても あつい^{덥다}です.
니호ㄴ노 나쯔와 토떼모 아쯔이데쓰.

02 韓国の 夏も あつい^{덥다}ですか?
카ㅇ꼬꾸노 나쯔모 아쯔이데스까?

03 韓国の 夏は あまり あつ^{덥다}くないです.
카ㅇ꼬꾸노 나쯔와 아마리 아쯔꾸나이데쓰.

04 韓国は 日本より あつ^{덥다}くありません.
카ㅇ꼬꾸와 니호ㄴ요리 아쯔꾸아리마세ㅇ.

05 だいじょうぶ^{괜찮다}ですか?
다이죠-부데스까?

06 저는 だいじょうぶ^{괜찮다}です.
와따시와 다이죠-부데쓰.

07 그녀의 남자친구는 정말 ハンサム^{핸섬하다}です.
카노죠노 보-이후레ㄴ도와 호ㄴ또-니 하ㄴ사무데쓰.

08 게다가 しんせつ^{친절하다}です.
소레니 시ㄴ세쯔데쓰.

✂ ---- 잘라서 복습에 사용하세요 ----

UNIT 2-23 정중형 아쯔이데쓰. 시ㄴ세쯔데쓰. 덥습니다. 친절합니다.

🎧 MP3 2-23 暑いです。親切です。

▶▶ 형용사 정중형 : 기본형+です
▶▶ 형용동사 정중형 : 어간+です

01　日本の夏はとても暑いです。
　　일본 의 여름 은 매우 덥습니다.

02　韓国の夏も暑いですか。
　　한국 의 여름 도 덥습니 까?

03　韓国の夏はあまり暑くないです。
　　한국 의 여름 은 그다지 덥지 않습니다.

04　韓国は日本より暑くありません。
　　한국 은 일본 보다 덥지 않습니다.

05　だいじょうぶですか。
　　　　괜찮으 십니 까?

06　私はだいじょうぶです。
　　저 는 괜찮 습니다.

07　彼女のボーイフレンドはほんとうにハンサムです。
　　그녀 의 남자친구 는 정말 로 핸섬 합니다.

08　それに親切です。
　　게다가 친절 합니다.

소리로 단어를 익히세요!

무스메 : 딸　　무스꼬 : 아들

2-24 연용형

🎧 MP3-2-24

01 점점 あつ~~い~~く 지고 있습니다.
   다ㄴ다ㄴ 아쯔꾸 나ㅅ떼 이마쓰.
   (덥다)

02 빨간 사과를 おいし~~い~~く 먹습니다.
   아까이 리ㅇ고오 오이시꾸 타베마쓰.
   (맛있다)

03 コを たか~~い~~く 하는 수술을 했다.
   하나오 타까꾸 스루 슈쥬쯔오 시따.
   (높다)

04 하늘 たか~~い~~く 날아라!
   소라 타까꾸 토베!
   (높다)

05 교실이 점점 しずか~~だ~~に 졌다.
   쿄-시쯔가 다ㄴ다ㄴ 시즈까니 나ㅅ따.
   (조용하다)

06 실내에서는 しずか~~だ~~に 해주십시오.
   시쯔나이데와 시즈까니 시떼 쿠다사이.
   (조용하다)

07 돈이 사람을 しあわせ~~だ~~に 할까?
   오까네가 히또오 시아와세니 스루까?
   (행복하다)

08 얼굴을 きれい~~だ~~に 씻다.
   카오오 키레-니 아라우.
   (깨끗하다)

✂ - - - - 잘라서 복습에 사용하세요 -

UNIT 2-24 **연용형**   아쯔꾸 나루. 시즈까니 스루. 더워지다. 조용해지다.

🎧 MP3 2-24 暑くなる。静かになる。

▶▶ 형용사 연용형 : く+용언
▶▶ 형용동사 연용형 : に+용언

01 だんだん 暑く なって います。
점점　　더워　　지고　있습니다.

02 あかい りんご を おいしく 食べます。
빨간　　사과　를　맛있게　　먹습니다.

03 はな を 高く する 手術 を した。
코　를　높게　하는　수술　을　했다.

04 空 高く とべ！
하늘 높이 날아라!

05 教室 が だんだん 静かに なった。
교실 이　점점　　조용해　　졌다.

06 室内 では 静かに して ください。
실내 에서 는　조용히　해　주십시오.

07 お金 が 人 を しあわせに する か？
돈　이 사람 을　행복하게　　할　까?

08 顔 を きれいに あらう。
얼굴 을　깨끗하게　씻다.

소리로 단어를 익히세요!

미즈 : 물　　코-히- : 커피　　규-뉴- : 우유　　코-라 : 콜라

2-25 가정형

🎧 MP3-2-25

01 あつ~~い~~ければ 창문을 열어도 됩니다.
아쯔께레바 마도오 아께떼모 이이데쓰.

02 돈은 おお~~い~~ければ 많을수록 좋다.
오까네와 오-께레바 오오이호도 이이.

03 가격이 たか~~い~~ければ 팔리지 않는다.
네다。가 타까께레바 우레나이.

04 당신이 うれし~~い~~ければ 나도 기쁩니다.
아나따가 우레시께레바 와따시모 우레시이데쓰.

05 좀더 しずか~~だ~~なら 좋겠습니다.
모ㅅ또 시즈까나라 이이데쓰.

06 책상이 きれい~~だ~~なら 일도 잘 된다.
쯔꾸에가 키레이나라 시고또모 우마꾸 이꾸.

07 すき~~だ~~なら 좋아한다고 말해라.
스끼나라 스끼다또 이에!

08 いや~~だ~~なら 싫다고 말해라.
이야나라 이야다또 이에!

UNIT 2-25 가정형 아쯔께레바. 시즈까나라. 더우면. 조용하면.

🎧 MP3 2-25 暑ければ。静かなら。

▶▶ 형용사 가정형 : **ければ**
▶▶ 형용동사 가정형 : **なら**

01　**暑ければ まど を あけて も いい です。**
　　더우면　창문　을　열어　도　됩　니다.

02　**おかね は 多ければ 多い ほど いい。**
　　돈　은　많으면　많을 수록　좋다.

03　**ねだん が 高ければ うれない。**
　　가격　이　높으면　팔리지 않는다.

04　**あなた が うれしければ 私 も うれしい です。**
　　당신　이　기쁘면　나 도　기쁩　니다.

05　**もっと 静かなら いい です。**
　　더　조용하면　좋겠　습니다.

06　**つくえ が きれいなら 仕事 も うまく いく。**
　　책상　이　깨끗하면　일　도　잘　간다(된다).

07　**好きなら すきだ と いえ！**
　　좋아하면　좋아한다 고 말해라.

08　**いやなら いやだ と いえ！**
　　싫으면　싫다 고 말해라.

소리로 단어를 익히세요!

료코ー : 여행　　카ㅇ꼬ー까꾸 : 관광객

2-26 추측형

🎧 MP3-2-26

01 일본の 여름은 한국より あついだろう.
    (덥다)
    니혼노 나쯔와 캉꼬꾸요리 아쯔이다로-.

02 한국の 여름은 일본より あつ~~い~~くないだろう.
    (덥다)
    캉꼬꾸노 나쯔와 니혼요리 아쯔꾸 나이다로-.

03 여기から 오사카까지는 とおいだろう.
    (멀다)
    코꼬까라 오-사까마데와 토-이다로-.

04 한국から 일본까지는 とお~~い~~くないだろう.
    (멀다)
    캉꼬꾸까리 니혼마데와 토-꾸나이다로-.

05 이 방은 아마 しずか~~だ~~だろう.
    (조용하다)
    코노 헤야와 타붕 시즈까다로-.

06 그 방은 아마 しずか~~だ~~ではないだろう.
    (조용하다)
    소노 헤야와 타붕 시즈까데와 나이다로-. (형용동사의 부정형은 형용사가 된다)

07 잠깐은 だいじょうぶ~~だ~~だろう.
    (괜찮다)
    시바라꾸와 다이죠-부다로-.

08 그는 일본어를 じょうず~~だ~~だろう.
    (능숙하다)
    카레와 니홍가 죠-즈다로-.

✂️ 잘라서 복습에 사용하세요

UNIT 2-26 추측형 아쯔이다로-. 다이죠-부다로-. 더울 것이다. 괜찮을 것이다.

🎧 MP3 2-26 暑いだろう。大丈夫だろう。

▶▶ 형용사 추측형 : だろう
▶▶ 형용동사 추측형 : だろう

01 　日本の夏は韓国より暑いだろう。
　　일본 의 여름 은 한국 보다 덥 겠지.

02 　韓国の夏は日本より暑くないだろう。
　　한국 의 여름 은 일본 보다 덥지않 겠지.

03 　ここから大阪までは遠いだろう。
　　여기 에서 오사카 까지 는 멀 겠지.

04 　韓国から日本までは遠くないだろう。
　　한국 에서 일본 까지 는 멀지않 겠지.

05 　この部屋はたぶん静かだろう。
　　이 방 은 아마 조용할 것이다.

06 　その部屋はたぶん静かではないだろう。
　　그 방 은 아마 조용하지 않을 것이다.

07 　しばらくは大丈夫だろう。
　　잠깐 은 괜찮을 것이다.

08 　彼は日本語が上手だろう。
　　그 는 일본어 를 잘할 것이다.

소리로 단어를 익히세요!

요이 : 좋다　　와루이 : 나쁘다

2-27 중지형

🎧 MP3-2-27

01 이 산은 たかいくて 저 산은 높지 않다.
코노 야마와 타까꾸떼 아노 야마와 타까꾸 나이.

02 그는 돈도 おおいくて 잘생겼다.
카레와 오까네모 오-꾸떼 하ㄴ사무다.

03 가을은 낮은 あついくて 밤은 춥다.
아끼와 히루와 아쯔꾸떼 요루와 사무이

04 그녀는 かわいいくて 상냥합니다.
카노죠와 카와이꾸떼 야사시이데쓰.

05 시골은 しずかだで 도쿄는 번잡하다.
이나까와 시즈까데 토-꾜-와 니기야까다.

06 도쿄는 にぎやかだで 시골은 조용하다.
토-꾜-와 니기야까데 이나까와 시즈까다.

07 그녀는 きれいだで 성실합니다.
카노죠와 키레-데 마지메데쓰.

08 그는 ハンサムだで 스마트합니다.
카레와 하ㄴ사무데 스마-또데쓰.

✂ ----- 잘라서 복습에 사용하세요 -----

UNIT 2-27 **중지형** 타까꾸떼. 하ㄴ사무데. 높고. 잘생겼고.

🎧 MP3 2-27 高くて。ハンサムで。

▶▶ 형용사 중지형 : くて
▶▶ 형용동사 중지형 : で

01　この 山 は 高くて あの 山 は 高く ない。
　　이 산은 높고 저 산은 높지 않다.

02　彼 は お金 も 多くて ハンサムだ。
　　그는 돈도 많고 잘생겼다.

03　秋 は ひる は 暑くて 夜 は さむい。
　　가을은 낮은 덥고 밤은 춥다.

04　彼女 は かわいくて やさしいです。
　　그녀는 귀엽고 상냥합니다.

05　いなか は 静かで 東京 は にぎやかだ。
　　시골은 조용하고 도쿄는 번잡하다.

06　東京 は にぎやかで 田舎 は 静かだ。
　　도쿄는 번잡하고 시골은 조용하다.

07　彼女 は きれいで まじめです。
　　그녀는 예쁘고 성실합니다.

08　彼 は ハンサムで スマートです。
　　그는 핸섬하고 스마트합니다.

소리로 단어를 익히세요!

쿄네0 : 작년　코또시 : 금년　라이네0 : 내년

형용사 활용표

	기본형	부정형	과거형	정중형
형용사	たかい taka i 높다	たかくない taka kunai 높지 않다	たかかった taka katta 높았다	たかいです taka idesu 높습니다
	あつい atsu i 덥다	あつくない atsu kunai 덥지 않다	あつかった atsu katta 더웠다	あついです atsu idesu 덥습니다
	おもしろい omoshiro i 재미있다	おもしろくない omoshiro kunai 재미있지 않다	おもしろかった omoshiro katta 재미있었다	おもしろいです omoshiro idesu 재미있습니다
	はやい haya i 빠르다	はやくない haya kunai 빠르지 않다	はやかった haya katta 빨랐다	はやいです haya idesu 빠릅니다
	おおきい ooki i 크다	おおきくない ooki kunai 크지 않다	おおきかった ooki katta 컸다	おおきいです ooki idesu 큽니다
	あたらしい atarashi i 새롭다	あたらしくない atarashi kunai 새롭지 않다	あたらしかった atarashi katta 새로웠다	あたらしいです atarashi idesu 새롭습니다
	あおい ao i 파랗다	あおくない ao kunai 파랗지 않다	あおかった ao katta 파랬다	あおいです ao idesu 파랗습니다
형용동사	しずかだ shizuka da 조용하다	しずかではない shizuka dehanai 조용하지 않다	しずかだった shizuka datta 조용했다	しずかです shizuka desu 조용합니다
	すきだ suki da 좋아하다	すきではない suki dehanai 좋아하지 않다	すきだった suki datta 좋아했다	すきです suki desu 좋아합니다
	きらいだ kirai da 싫어하다	きらいではない kirai dehanai 싫어하지 않는다	きらいだった kirai datta 싫어했다	きらいです kirai desu 싫어합니다
	げんきだ genki da 건강하다	けんきではない genki dehanai 건강하지 않다	げんきだった genki datta 건강했다	げんきです genki desu 건강합니다
	へただ heta da 서투르다	へたではない heta dehanai 서투르지 않다	へただった heta datta 서툴렀다	へたです heta desu 서투릅니다
	べんりだ benri da 편리하다	べんりではない benri dehanai 편리하지 않다	べんりだった benri datta 편리했다	べんりです benri desu 편리합니다
	じゆうだ jiyuu da 자유롭다	じゆうではない jiyuu dehanai 자유롭지 않다	じゆうだった jiyuu datta 자유로웠다	じゆうです jiyuu desu 자유롭습니다

연용형	가정형	추측형	중지형
たかく taka**ku** 높게(되다)	たかければ taka**kereba** 높으면	たかいだろう taka**idarou** 높을 것이다	たかくて taka**kute** 높고, 높아서
あつく atsu**ku** 덥게(되다)	あつければ atsu**kereba** 더우면	あついだろう atsu**idarou** 더울 것이다	あつくて atsu**kute** 덥고, 더워서
おもしろく omoshiro**ku** 재미있게(되다)	おもしろければ omoshiro**kereba** 재미있으면	おもしろいだろう omoshiro**idarou** 재미있을 것이다	おもしろくて omoshiro**kute** 재미있고, 재미있어서
はやく haya**ku** 빠르게(되다)	はやければ haya**kereba** 빠르면	はやいだろう haya**idarou** 빠를 것이다	はやくて haya**kute** 빠르고, 빨라서
おおきく ooki**ku** 크게(되다)	おおきければ ooki**kereba** 크면	おおきいだろう ooki**idarou** 클 것이다	おおきくて ooki**kute** 크고, 커서
あたらしく atarashi**ku** 새롭게(되다)	あたらしければ atarashi**kereba** 새로우면	あたらしいだろう atarashi**idarou** 새로울 것이다	あたらしくて atarashi**kute** 새롭고, 새로워서
あおく ao**ku** 파랗게(되다)	あおければ ao**kereba** 파라면	あおいだろう ao**idarou** 파랄 것이다	あおくて ao**kute** 파랗고, 파래서
しずかに shizuka**ni** 조용하게(되다)	しずかなら shizuka**nara** 조용하면	しずかだろう shizuka**darou** 조용할 것이다	しずかで shizuka**de** 조용하고, 조용해서
すきに suki**ni** 좋아하게(되다)	すきなら suki**nara** 좋아하면	すきだろう suki**darou** 좋아할 것이다	すきで suki**de** 좋아하고, 좋아해서
きらいに kirai**ni** 싫어하게(되다)	きらいなら kirai**nara** 싫어하면	きらいだろう kirai**darou** 싫어할 것이다	きらいで kirai**de** 싫어하고, 싫어해서
げんきに genki**ni** 건강하게(되다)	げんきなら genki**nara** 건강하면	げんきだろう genki**darou** 건강할 것이다	げんきで genki**de** 건강하고, 건강해서
へたに heta**ni** 서투르게(되다)	へたなら heta**nara** 서투르면	へただろう heta**darou** 서투를 것이다	へたで heta**de** 서투르고, 서툴러서
べんりに benri**ni** 편리하게(되다)	べんりなら benri**nara** 편리하면	べんりだろう benri**darou** 편리할 것이다	べんりで benri**de** 편리하고, 편리해서
じゆうに jiyuu**ni** 자유롭게(되다)	じゆうなら jiyuu**nara** 자유로우면	じゆうだろう jiyuu**darou** 자유로울 것이다	じゆうで jiyuu**de** 자유롭고, 자유로워서

三時限目
3교시

3교시에는 가장 기본적인 문장 몇 가지를 공부합니다. 일상생활에서 자주 쓰이는 표현들이므로 꼭 외워야 하지만 이미 1교시와 2교시를 공부하면서 자기도 모르게 익숙해졌을 테니 크게 부담될 것은 없습니다. 3교시에서 가장 중요한 것은 문장을 여러 번 반복해서 듣고 읽고 해야 한다는 것입니다. 기본 문형 속에 문법이 있고 기본 문형 속에 단어가 있습니다. 외국어는 단어 따로 문법 따로 외우는 것이 아니라 문장과 함께 문법과 단어를 습득하는 것입니다. 우리는 지금 막 가장 어려운 동사와 형용사를 처치했습니다. 승리가 얼마 남지 않았습니다. 그러니 끝까지 포기하지 말고 딱 2시간만 더 버팁시다! 화이팅!

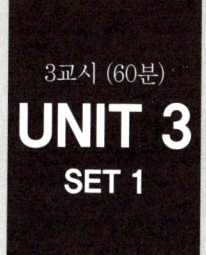

매일 쓰는 기본 패턴, 집중 연습

- 1세트 : です　します　います　あります
- 2세트 : ください　ませんか　ましょうか　つもりです
- 3세트 : ている　てもいい　なければならない　てはいけない
- 4세트 : たい　できる　ことがある　ながら

3-01 ~です (~입니다)

🎧 MP3-3-01

01 책です.
혼데쓰.

02 고양이です.
네꼬데쓰.

03 조용한 방です.
시즈까나 헤야데쓰.

04 그는 성실한 사람です.
카레와 마지메나 히또데쓰.

05 책ではありません.
혼데와 아리마셍.(です의 부정형)

06 고양이ではありません.
네꼬데와 아리마셍.

07 조용한 방ではありません.
시즈까나 헤야데와 아리마셍.

08 그는 성실한 사람ではありません.
카레와 마지메나 히또데와 아리마셍.

09 그는 성실한 사람じゃありません.
카레와 마지메나 히또쟈 아리마셍.(じゃ＝では)

--- ✂ --- 잘라서 복습에 사용하세요 ---

UNIT 3-01 です ~입니다 혼데쓰. 혼데와 아리마셍. 책입니다. 책이 아닙니다.

🎧 MP3 3-01 本です。本ではありません。

▶▶ ~だ(~이다)의 정중한 표현.

01 **本 です**。
　　책 입니다.

02 **ねこ です**。
　　고양이 입니다.

03 **静かな 部屋 です**。
　　조용한　방　입니다.

04 **彼 は まじめな 人 です**。
　　그　는　성실한　사람 입니다.

05 **本 では ありません**。
　　책　이　아닙니다.(です의 부정형)

06 **猫 では ありません**。
　　고양이 가　아닙니다.

07 **静かな 部屋 では ありません**。
　　조용한　방　이　아닙니다.

08 **彼 は 真面目な 人 では ありません**。
　　그　는　성실한　사람　이　아닙니다.

09 **彼 は 真面目な 人 じゃ ありません**。
　　그　는　성실한　사람　이　아닙니다.(じゃ＝では)

소리로 단어를 익히세요!

네꼬 : 고양이　　이누 : 개　　토리 : 새　　사까나 : 물고기

3-02 ~ます (~합니다)

🎧 MP3-3-02

01 사업에 성공する.
지교-니 세-꼬-스루.

02 취직에 실패します.
슈-쇼꾸니 시ㅂ빠이시마쓰.

03 호텔을 예약します.
호떼루오 요야꾸시마쓰.

04 예약을 캔슬します.
요야꾸오 캬ㄴ세루시마쓰.

05 볼펜으로 메모します.
보-루뻬ㄴ데 메모시마쓰.

06 후회しません.
코-까이시마세ㄴ. (ます의 부정형)

07 무리しません.
무리시마세ㄴ.

08 실패는 しません.
시ㅂ빠이와 시마세ㄴ.

09 열심히 공부しません.
이ㅅ쇼-케ㄴ메-니 베ㄴ꾜-시마세ㄴ.

✂------ 잘라서 복습에 사용하세요 ------

UNIT 3-02 **します ~합니다** 호떼루오 요야꾸시마쓰. 호텔을 예약합니다.

🎧 MP3 3-02 ホテルを予約します.

▶▶ 동사를 정중하게 만들어주는 조동사.

01 　事業 に 成功 する。
　　　사업　에　성공　한다.

02 　就職 に 失敗 します。
　　　취직　에　실패　합니다.

03 　ホテル を 予約 します。
　　　호텔　을　예약　합니다.

04 　予約 を キャンセル します。
　　　예약　을　캔슬　합니다.

05 　ボールペン で メモ します。
　　　볼펜　으로 메모　합니다.

06 　後悔 しません。
　　　후회 하지 않겠습니다.(ます의 부정형)

07 　無理 しません。
　　　무리 하지 않습니다.

08 　失敗 は しません。
　　　실패　는 하지 않습니다.

09 　一生懸命 に 勉強 しません。
　　　열심　히　공부 하지 않습니다.

소리로 단어를 익히세요!

미루 : 보다　　미에루 : 보이다

3-03 ~います (있습니다)
_{이 마 쓰}

🎧 MP3-3-03

01 나는 일본에 います.
와따시와 니혼니 이마쓰.

02 그녀는 한국에 います.
까노죠와 카ㅇ꼬꾸니 이마쓰.

03 방 안에 고양이가 います.
헤야노 나까니 네꼬가 이마쓰.

04 책상 위에 고양이가 いますか?
쯔꾸에노 우에니 네꼬가 이마스까?

05 그녀는 한국에 いますか?.
카노죠와 카ㅇ꼬꾸니 이마쓰까?

06 방 안에는 고양이가 いません.
헤야노 나까니 네꼬가 이마세ㅇ.

07 그녀에는 아직 애인이 いません.
카노죠니와 마다 코이비또가 이마세ㅇ.

08 애인 있는 사람 いませんか?
코이비또 이루 히또 이마세ㅇ까.

09 나에는 애인이 いません.
와따시니와 코이비또가 이마세ㅇ.

✂ - - - 잘라서 복습에 사용하세요 - - - - - - - - - - - -

UNIT 3-03 います ~있습니다 와따시와 카ㅇ꼬꾸니 이마쓰. 나는 한국에 있습니다.

🎧 MP3 3-03 私は韓国にいます.

▶▶ (사람, 동물 등이) 있다.

01 私は日本にいます。
   나 는 일본 에 있습니다.

02 彼女は韓国にいます。
   그녀 는 한국 에 있습니다.

03 部屋の中にねこがいます。
   방 의 안 에 고양이 가 있습니다.

04 つくえの上に猫がいますか。
   책상 의 위 에 고양이가 있습니 까.

05 彼女は韓国にいますか。
   그녀 는 한국 에 있습니 까?

06 部屋の中には猫がいません。
   방 의 안 에 는 고양이 가 없습니다.

07 彼女にはまだ恋人がいません。
   그녀 에게 는 아직 애인 이 없습니다.

08 恋人いる人いませんか。
   애인 있는 사람 없습니 까?

09 私には恋人がいません。
   나 에게 는 애인 이 없습니다.

소리로 단어를 익히세요!

키꾸 : 듣다   키꼬에루 : 들리다

3-04 ~あります (있습니다)
<small>아리마쓰</small>

🎧 **MP3-3-04**

01 책상 위に 일본어 책が あります.
　　쯔꾸에노 우에니 니호ㅇ고노 호ㅇ가 아리마쓰.

02 그는 알리바이が あります.
　　카레와 아리바이가 아리마쓰.

03 아침から 열が あります.
　　아사까라 네쯔가 아리마쓰.

04 시간に 여유が あります.
　　지까ㄴ니 요유-가 아리마쓰.

05 일본어 책が ありますか?
　　니호ㅇ고노 호ㅇ가 아리마스까?

06 그는 알리바이が ありません.
　　<small>아리마세ㅇ</small>
　　카레와 아리바이가 아리마세ㅇ.

07 그는 돈が ありません.
　　카레와 오까네가 아리마세ㅇ.

08 시간に 여유が ありません.
　　지까ㄴ니 요유-가 아리마세ㅇ.

09 일본어 책は ありませんか?
　　니호ㅇ고노 호ㅇ와 아리마세ㅇ까.

✂ ----- 잘라서 복습에 사용하세요 -----

UNIT 3-04 **あります ~있습니다** 니호ㅇ고노 호ㅇ가 아리마쓰. 일본어 책이 있습니다.

🎧 **MP3 3-04** 日本語の本があります。

▶▶ (물건, 식물 등이) 있다.

01 つくえの上に日本語の本があります。
책상 (의) 위 에 일본어 (의) 책 이 있습니다.

02 彼はアリバイがあります。
그 는 알리바이 가 있습니다.

03 朝から熱があります。
아침 부터 열 이 있습니다.

04 時間によゆうがあります。
시간 에 여유 가 있습니다.

05 日本語の本がありますか。
일본어 (의) 책 이 있습니 까?

06 彼はアリバイがありません。
그 는 알리바이 가 없습니다.

07 彼はお金がありません。
그 는 돈 이 없습니다.

08 時間に余裕がありません。
시간 에 여유 가 없습니다.

09 日本語の本はありませんか。
일본어 (의) 책 은 없습니 까?

소리로 단어를 익히세요!

히 : 해   쯔끼 : 달   호시 : 별   쿠모 : 구름

복습 3교시 1세트

01 彼はまじめな人です。

02 ホテルを予約します。

03 つくえの上に猫がいます。

04 つくえの上に日本語の本があります。

三時限目
사ㄴ
3교시

3교시에는 가장 기본적인 문장 몇 가지를 공부합니다. 일상생활에서 자주 쓰이는 표현들이므로 꼭 외워야 하지만 이미 1교시와 2교시를 공부하면서 자기도 모르게 익숙해졌을 테니 크게 부담될 것은 없습니다. 3교시에서 가장 중요한 것은 문장을 여러 번 반복해서 듣고 읽고 해야 한다는 것입니다. 기본 문형 속에 문법이 있고 기본 문형 속에 단어가 있습니다. 외국어는 단어 따로 문법 따로 외우는 것이 아니라 문장과 함께 문법과 단어를 습득하는 것입니다. 우리는 지금 막 가장 어려운 동사와 형용사를 처치했습니다. 승리가 얼마 남지 않았습니다. 그러니 끝까지 포기하지 말고 딱 2시간만 더 버팁시다! 화이팅!

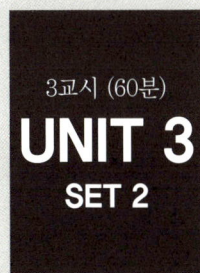

매일 쓰는 기본 패턴, 집중 연습

- 1세트 : です　します　います　あります
- **2세트 : ください　ませんか　ましょうか　つもりです**
- 3세트 : ている　てもいい　なければならない　てはいけない
- 4세트 : たい　できる　ことがある　ながら

3-05 ~てください (~해주세요)

떼 쿠 다 사 이

🎧 MP3-3-05

01 椅子に 座って **ください**.
이스니 스와ㅅ떼 쿠다사이.

02 3時に 銀行 前で 待って **ください**.
사ㄴ지니 기ㅇ꼬-노 마에데 마ㅅ떼 쿠다사이.

03 조금 천천히 말해 **ください** 않겠습니까?
스꼬시 유ㄱ꾸리 이ㅅ떼 쿠다사이 마세ㅇ까.

04 야마다 씨, 여기를 봐 **ください**.
야마다사ㅇ, 코꼬오 미떼 쿠다사이.

05 이 사람을 믿어 **ください**.
코노히또오 시ㄴ지떼 쿠다사이.

06 검은 양복을 입어 **ください**.
쿠로이 세비로오 키떼 쿠다사이.

07 카드를 넣어 **ください**.
카-도오 이레떼 쿠다사이.

08 이제 그만해 **ください**.
모- 야메떼 쿠다사이.

09 방에서 나가 **ください**.
헤야까라 데떼 쿠다사이.

✂ ---- 잘라서 복습에 사용하세요 ----

UNIT 3-05 てください ~해주세요 이스니 스와ㅅ떼 **쿠다사이**. 의자에 앉아 **주세요**.

🎧 MP3 3-05 椅子に座ってください。

▶▶ 가벼운 지시나 권유, 요청.

01　**いす に すわって ください**。
　　의자　에　앉아　　주세요.

02　**3時 に 銀行 の 前 で まって ください**。
　　3시　에　은행　의　앞　에서　기다려　주세요.

03　**すこし ゆっくり 言って ください ませんか**。
　　조금　천천히　말해　주시지　않겠습니까?

04　**山田 さん、ここ を 見て ください**。
　　야마다 씨,　여기 를　봐　주세요.

05　**この 人 を 信じて ください**。
　　이　사람 을　믿어　주세요.

06　**黒い せびろ を きて ください**。
　　검은　양복　을　입어　주세요.

07　**カード を 入れて ください**。
　　카드 를　넣어　주세요.

08　**もう やめて ください**。
　　이제　그만해　주세요.

09　**部屋 から 出て ください**。
　　방　에서　나가　주세요.

소리로 단어를 익히세요!

유끼 : 눈　　아메 : 비　　카제 : 바람

3-06 ~ ませんか (~하지 않겠습니까?)

🎧 MP3-3-06

01 함께 공부하지 ませんか?
이ㅅ쇼니 베ㅇ꾜- 시마세ㅇ까?

02 저와 결혼하지 ませんか?
와따시또 케ㄱ꼬ㄴ 시마세ㅇ까?

03 우리 집 고양이 보지 ませんか?
우찌노 네꼬 미마세ㅇ까?

04 홈페이지를 만들지 ませんか?
호-무뻬-지오 쯔꾸리마세ㅇ까?

05 영화 보러 가지 ない?
에-가 미니 이까나이?

06 맥주를 마시지 ませんか?
비-루오 노미마세ㅇ까?

07 미국에 가보지 ませんか?
아메리까니 이ㅅ떼 미마세ㅇ까?

08 지옥라면에 도전하지 ませんか?
지고꾸 라-메ㄴ니 쵸-세ㄴ 시마세ㅇ까?

09 슬슬 담배를 끊지 ませんか?
소로소로 타바꼬오 야메마세ㅇ까?

✂ ----- 잘라서 복습에 사용하세요 -----

UNIT 3-06 ませんか ~하지 않겠습니까? 에-가 미마세ㅇ까? 영화 안 볼래요?

🎧 MP3 3-06 映画見ませんか。

▶▶ 어떤 행위에 참가를 권유하거나 Yes인지 No인지 묻는 표현.

01 いっしょに 勉強 しませんか。
    함께   공부   하지 않겠습니까?

02 私 と けっこん しませんか。
    저 와   결혼   하지 않겠습니까?

03 うち の ねこ 見ませんか。
    우리 의 고양이 보지 않을래요?

04 ホームページ を 作りませんか。
    홈페이지   를 만들지 않겠습니까?

05 映画 見に いかない。
    영화 보러 가지 않을래?

06 ビール を 飲みませんか。
    맥주   를 마시지 않을래요?

07 アメリカ に 行って みませんか。
    미국   에   가   보지 않겠습니까?

08 地獄 ラーメン に 挑戦 しませんか。
    지옥 라면   에 도전 하지 않으시렵니까?

09 そろそろ タバコ を やめませんか。
    슬슬   담배   를 끊지 않겠습니까?

소리로 단어를 익히세요!

오사께 : 술   타바꼬 : 이것   비-루 : 맥주   끼○에ㄴ : 금연

3-07 ~ましょうか (~하실까요?)

🎧 MP3-3-07

01 뭔가 마실**ましょうか**?
나니까 노미마쇼-까.

02 슬슬 시작할**ましょうか**?
소로소로 하지메마쇼-까.

03 내일 영화라도 보러 갈**ましょうか**?
아시따 에-가데모 미니 이끼마쇼-까.

04 오늘은 이만 돌아갈**ましょうか**?
쿄-와 코꼬데 카에리마쇼-까.

05 커피를 마시며 이야기할**ましょうか**?
코-히-오 노미나가라 하나시마쇼-까.

06 창문을 열**ましょうか**?
마도오 아께마쇼-까.

07 도와드릴**ましょうか**?
오테즈따이 이따시마쇼-까.

08 스타벅스에서 커피라도 마시고 갈**ましょうか**?
스따바데 코-히-데모 노ㄴ데 이끼마쇼-까.

09 몇 시쯤 갈**ましょうか**?
나ㄴ지고로 이끼마쇼-까.

✂ ---- 잘라서 복습에 사용하세요 ----

UNIT 3-07 ましょうか ~하실까요? 나니까 노미마쇼-까. 뭔가 마실까요?

🎧 MP3 3-07 何か飲み**ましょうか**。

▶▶ Yes를 예상하고 상대방의 의향을 확인하거나 완곡하게 권유하는 표현.

01 **何か飲みましょうか**。
　　뭔 가　　　마실까요?

02 **そろそろ はじめましょうか**。
　　　슬슬　　　시작할까요?

03 **あした 映画 でも 見に 行きましょうか**。
　　내일　영화　라도　보러　　갈까요?

04 **今日 は ここで 帰りましょうか**。
　　오늘　은　이만　돌아갈까요?

05 **コーヒーを 飲みながら 話しましょうか**。
　　커피　를 마시　며　　이야기할까요?

06 **窓を 開けましょうか**。
　　창문 을　　열까요?

07 **お手伝い いたしましょうか**。
　　　도와드릴　　　　까요?

08 **スタバで コーヒー でも 飲んで 行きましょうか**。
　　스타벅스 에서　커피　라도　마시고　　갈까요?

09 **何時 ごろ 行きましょうか**。
　　몇 시　쯤　　갈까요?

소리로 단어를 익히세요!

코꼬로 : 마음　카오가에 : 생각

3-08 ～つもりです (～할 작정이다, 생각이다)

쯔 모 리 데 쓰

🎧 MP3-3-08

01 이번 달에 회사를 그만둘 つもりです.
코ㅇ게쯔니 카이샤오 야메루 쯔모리데쓰.

02 회사를 그만두고 어떻게 할 つもりですか?
카이샤오 야메떼 도-스루 쯔모리데스까?

03 일본の 회사에 취직할 つもりです.
니호ㄴ노 카이샤니 슈-쇼꾸스루 쯔모리데쓰.

04 일본へ 갈 つもりですか?
니호ㅇ에 이꾸 쯔모리데스까?

05 はい. 일본に 갈 つもりです.
하이. 니호ㄴ니 이꾸 쯔모리데쓰.

06 일본に 귀화할 つもりですか?
니호ㄴ니 키까스루 쯔모리데스까?

07 그렇게 할 つもりですは 없습니다.
소-스루 쯔모리와 아리마세ㅇ.

08 언제 일본에 갈 つもりですか?
이쯔 니호ㄴ니 이꾸 쯔모리데스까?

09 다음 달에 갈 つもり으로 있습니다.
라이게쯔니 이꾸 쯔모리데 이마쓰.

✂-------- 잘라서 복습에 사용하세요 --------

UNIT 3-08 つもりです ～할 작정이다 니호ㄴ니 이꾸 쯔모리데쓰. 일본에 갈 작정입니다.

🎧 MP3 3-08 日本に行くつもりです.

▶▶ 막연하나마 어떤 행동을 할 의지가 있음.

01 <u>今月</u> に <u>会社</u> を <u>やめ</u>る つもり です。
이번 달 에 회사 를 그만둘 생각 입니다.

02 <u>会社</u> を <u>やめて</u> <u>どう</u> <u>する</u> つもり です か。
회사 를 그만두고 어떻게 할 작정 입니 까?

03 <u>日本</u> の <u>会社</u> に <u>就職</u> <u>する</u> つもり です。
일본 의 회사 에 취직 할 생각 입니다.

04 <u>日本</u> へ <u>行</u>く つもり です か。
일본 으로 갈 생각 입니 까?

05 はい。<u>日本</u> に <u>い</u>く つもり です。
네. 일본 에 갈 작정 입니다.

06 <u>日本</u> に <u>きか</u> する つもり です か。
일본 으로 귀화 할 생각 입니 까?

07 <u>そう</u> <u>する</u> つもり は ありません。
그렇게 할 생각 은 없습니다.

08 <u>いつ</u> <u>日本</u> に <u>行</u>く つもり です か。
언제 일본 으로 갈 생각 입니 까?

09 <u>来月</u> に <u>行</u>く つもり で います。
다음 달 에 갈 생각 으로 있습니다.

소리로 단어를 익히세요!

코노 : 이   소노 : 그   아노 : 저   도노 : 어느

 **3교시 2세트**

01   カードを入れてください。

02   いっしょに勉強しませんか。

03   何か飲みましょうか。

04   今月に会社をやめるつもりです。

三時限目
사ㄴ
3교시

3교시에는 가장 기본적인 문장 몇 가지를 공부합니다. 일상생활에서 자주 쓰이는 표현들이므로 꼭 외워야 하지만 이미 1교시와 2교시를 공부하면서 자기도 모르게 익숙해졌을 테니 크게 부담될 것은 없습니다. 3교시에서 가장 중요한 것은 문장을 여러 번 반복해서 듣고 읽고 해야 한다는 것입니다. 기본 문형 속에 문법이 있고 기본 문형 속에 단어가 있습니다. 외국어는 단어 따로 문법 따로 외우는 것이 아니라 문장과 함께 문법과 단어를 습득하는 것입니다. 우리는 지금 막 가장 어려운 동사와 형용사를 처치했습니다. 승리가 얼마 남지 않았습니다. 그러니 끝까지 포기하지 말고 딱 2시간만 더 버팁시다! 화이팅!

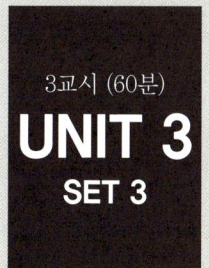

매일 쓰는 기본 패턴, 집중 연습
- 1세트 : です　します　います　あります
- 2세트 : ください　ませんか　ましょうか　つもりです
- **3세트 : ている　てもいい　なければならない　てはいけない**
- 4세트 : たい　できる　ことがある　ながら

3-09 ～ている (~하고 있다)

🎧 MP3-3-09

01 **지금 무엇을 하ています까?**
이마 나니오 시떼 이마스까?

02 **의자에 앉아서 책을 읽でいます.**
이스니 스와ㅅ떼 호ㅇ오 요ㄴ데 이루.

03 **엄마는 TV 드라마를 보ている.**
하하와 테레비 도라마오 미떼 이루.

04 **여기서 기다리ています.**
코꼬데 마ㅅ떼 이마쓰.

05 **마리아 님이 보ている.**
마리아 사마가 미떼 이루.

06 **우동을 먹ている 사람이 다나까 씨입니다.**
우도ㅇ오 타베떼 이루 히또가 타나까사ㄴ데쓰.

07 **하루꼬 씨는 이미 와ている.**
하루꼬 사ㅇ와 모- 키떼 이루.

08 **창밖에 비가 내리ている.**
마도노 소또니 아메가 후ㅅ떼 이루.

09 **죄송합니다만 저는 결혼しています.**
스미마세ㅇ가 와따시와 케ㄱ꼬ㄴ시떼이마스.

✂ -------- 잘라서 복습에 사용하세요 --------

UNIT 3-09 ている ~하고 있다 아메가 후ㅅ떼 이루. 비가 내리고 있다.

🎧 MP3 3-09 雨が降っている。

▶▶ 현재 동작이 진행중임.
▶▶ 어떤 상태가 지속되고 있거나 그러한 속성을 띠고 있음.

01 いま何をしていますか。
지금 무엇을 하고 있습니까?

02 いすに座って本を読んでいる。
의자에 앉아서 책을 읽고 있다.

03 母はテレビドラマを見ている。
엄마는 TV 드라마를 보고 있다.

04 ここで待っています。
여기에서 기다리고 있겠습니다.

05 マリアさまが見ている。
마리아 님이 보고 있다.

06 うどんを食べている人が田中さんです。
우동을 먹고 있는 사람이 다나까 씨입니다.

07 はるこさんはもう来ている。
하루꼬 씨는 이미 와 있다.(결과)

08 まどのそとに雨が降っている。
창의 밖에 비가 내리고 있다.

09 すみませんが私は結婚しています。
죄송합니다만 저는 결혼 했습니다.(상태의 지속)

소리로 단어를 익히세요!

코ー : 이렇게   소ー : 그렇게   아ー : 저렇게   도ー : 어떻게

3-10 ~てもいい (~해도 된다)
떼 모 이 이

🎧 **MP3-3-10**

01 この いすに **すわっても いい**ですか?
코노 이스니 스왓떼모 이이데스까?

02 名前を 日本語で **書いても いい**です.
나마에오 니호ㅇ고데 카이떼모 이이데쓰.

03 室内で タバコを **すっても いい**です.
시쯔나이데 타바꼬오 스ㅅ떼모 이이데쓰.

04 ちょっと **見ても いい**ですか?
촛또 미떼모 이이데스까?

05 12時に **チェックアウトしても いい**ですか?
쥬-니지니 찌에꾸아우또시떼모 이이데스까?

06 ごはんを **食べても いい**ですか?
고하ㅇ오 타베떼모 이이데스까?

07 暑ければ 窓を **開けても いい**です.
아쯔께레바 마도오 아께떼모 이이데쓰.

08 ソファーで **寝ても いい**ですか?
소후아-데 네떼모 이이데쓰까?

09 小銭を **入れても いい**ですか?
코이ㅇ오 이레떼모 이이데스까?

----- ✂ ----- 잘라서 복습에 사용하세요 -----

UNIT 3-10 てもいい ~해도 된다 고하ㅇ오 타베떼모 이이. 밥을 먹어도 된다.
🎧 **MP3 3-10** ご飯を 食べてもいい。

▶▶ 허가.

01　このいすに座ってもいいですか。
　　이 의자에 앉아도 됩니까?

02　名前を日本語で書いてもいいです。
　　이름을 일본어로 써도 됩니다.

03　室内でタバコをすってもいいです。
　　실내에서 담배를 피워도 됩니다.

04　ちょっと見てもいいですか。
　　잠깐 봐도 됩니까?

05　１２時にチェックアウトしてもいいですか。
　　시에 체크아웃 해도 됩니까?

06　ごはんを食べてもいいですか。
　　밥을 먹어도 됩니까?

07　暑ければ窓を開けてもいいです。
　　더우면 창문을 열어도 됩니다.

08　ソファーでねてもいいですか。
　　소파에서 자도 됩니까?

09　コインを入れてもいいですか。
　　동전을 넣어도 됩니까?

소리로 단어를 익히세요!

쯔꾸에 : 책상　　이스 : 의자　　페ㅇ : 펜　　테쵸- : 수첩

3-11 ～なければならない (～하지 않으면 안 된다)
<small>나께레바나라나이</small>

🎧 MP3-3-11

01 이제 가지 なければ ならない.
모- 이까나께레바 나라나이.

02 약을 먹지 なければ ならない.
쿠스리오 노마나께레바 나라나이.

03 마지막 전철에 타지 なければ ならない.
슈-데ㄴ니 노라나께레바 나라나이.

04 공부를 하지 なければ ならない.
베ㅇ꾜-오 시나께레바 나라나이.

05 아침 6시에 일어나지 なければ ならない.
아사 로꾸지니 오끼나께레바 나라나이.

06 젊은이는 꿈을 꾸지 なければ ならない.
와까모노와 유메오 미나께레바 나라나이.

07 인간은 먹지 なければ なりません.
니ㅇ게ㄴ와 타베나께레바 나리마세ㅇ.

08 자기의 머리로 생각하지 なければ なりません.
지부ㄴ노 아따마데 카ㅇ가에나께레바 나리마세ㅇ.

09 담배는 끊지 なければ なりません.
타바꼬와 야메나께레바 나리마세ㅇ.

✂ ----- 잘라서 복습에 사용하세요 -----

UNIT 3-11 なければならない ～하지 않으면 안 된다

🎧 MP3 3-11 勉強をしなければならない。 공부를 하지 않으면 안 된다.

▶▶ 의무적 행위. 일종의 강력한 권유.

01 **もう 行かなければ ならない**。
이제 가지 않으면 안 된다.(가라)

02 **薬を 飲まなければ ならない**。
약 을 먹지 않으면 안 된다.(먹어라)

03 **終電に 乗らなければ ならない**。
막차 를 타지 않으면 안 된다.

04 **勉強を しなければ ならない**。
공부 를 하지 않으면 안 된다.(해라)

05 **朝 6時に 起きなければ ならない**。
아침 6시 에 일어나지 않으면 안 된다.

06 **わかもの は ゆめを 見なければ ならない**。
젊은이 는 꿈 을 꾸지 않으면 안 된다.(꾸어라)

07 **人間は 食べなければ なりません**。
인간 은 먹지 않으면 안 됩니다.

08 **自分の 頭で 考えなければ なりません**。
자기 의 머리 로 생각하지 않으면 안 됩니다.

09 **タバコは やめなければ なりません**。
담배 는 끊지 않으면 안 됩니다.(끊어라)

소리로 단어를 익히세요!

데빠-또 : 백화점   코ㅁ비니 : 편의점

3-12 ~てはいけません (~해서는 안 됩니다)
때 와 이께 마 셍

🎧 MP3-3-12

01 사람을 죽여ては いけません.
히토오 코로시떼와 이께마셍.

02 아이들은 술을 마셔では いけません.
코도모와 오사께오 노ㄴ데와 이께마셍.

03 실내에서 담배를 피워ては いけません.
시쯔나이데 타바꼬오 스ㅅ떼와 이께마셍.

04 잔디밭에 들어가ては いけません.
시바후니 하이ㅅ떼와 이께마셍.

05 여기에 자동차를 세워ては いけません.
코꼬니 쿠루마오 토메떼와 이께마셍.

06 아직 문제를 봐ては いけません.
마다 몬다이오 미떼와 이께마셍.

07 답을 고쳐ては いけません.
코따에오 나오시떼와 이께마셍.

08 도서관에서는 큰소리를 내ては いけない.
토쇼까ㄴ데와 오-고에오 다시떼와 이께나이.

09 두 번 다시 지각을 해ては いけない.
니도또 치꼬꾸오 시떼와 이께나이.

✂----- 잘라서 복습에 사용하세요 -----

UNIT 3-12 てはいけません ~해서는 안 됩니다 히토오 코로시떼와 이께마셍.

🎧 MP3 3-12 人を殺してはいけません。 사람을 죽여서는 안 됩니다.

▶▶ 규율, 법률, 도덕에 근거하는 금기를 나타내는 강력한 금지 표현.

---

01 **人を ころしては いけません。**
사람 을 죽여서는 안 됩니다.(법률)

02 **子供は お酒を 飲んでは いけません。**
아이들 은 술 을 마셔서는 안 됩니다.(금기)

03 **室内で タバコを すっては いけません。**
실내 에서 담배 를 피워서는 안 됩니다.(규칙)

04 **しばふに 入っては いけません。**
잔디밭 에 들어가서는 안 됩니다.(규칙)

05 **ここに 車を とめては いけません。**
여기 에 차 를 세워서는 안 됩니다.(법률)

06 **まだ 問題を 見ては いけません。**
아직 문제 를 봐서는 안 됩니다.(규칙)

07 **こたえを なおしては いけません。**
답 을 고쳐서는 안 됩니다.(도덕)

08 **図書館では おおごえを 出しては いけない。**
도서관 에서 는 큰소리 를 내서는 안 된다.(규칙)

09 **二度と 遅刻を しては いけない。**
두 번 다시 지각 을 해서는 안 된다.(규칙)

소리로 단어를 익히세요!

나마에 : 이름

3교시 3세트

01　いま 何を して います か。

02　ごはん を 食べても いい です か。

03　薬 を 飲ま なければ ならない。

04　しばふ に 入っては いけません。

三時限目
3교시

3교시에는 가장 기본적인 문장 몇 가지를 공부합니다. 일상생활에서 자주 쓰이는 표현들이므로 꼭 외워야 하지만 이미 1교시와 2교시를 공부하면서 자기도 모르게 익숙해졌을 테니 크게 부담될 것은 없습니다. 3교시에서 가장 중요한 것은 문장을 여러 번 반복해서 듣고 읽고 해야 한다는 것입니다. 기본 문형 속에 문법이 있고 기본 문형 속에 단어가 있습니다. 외국어는 단어 따로 문법 따로 외우는 것이 아니라 문장과 함께 문법과 단어를 습득하는 것입니다. 우리는 지금 막 가장 어려운 동사와 형용사를 처치했습니다. 승리가 얼마 남지 않았습니다. 그러니 끝까지 포기하지 말고 딱 2시간만 더 버팁시다! 화이팅!

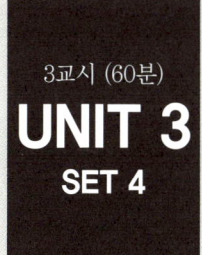

매일 쓰는 기본 패턴, **집중 연습**
- 1세트 : です　します　います　あります
- 2세트 : ください　ませんか　ましょうか　つもりです
- 3세트 : ている　てもいい　なければならない　てはいけない
- **4세트 : たい　できる　ことがある　ながら**

3-13 ～たい (～하고 싶다)

🎧 MP3-3-13

01 여름방학에는 하와이에 가고たい.
나쯔야스미니와 하와이니 이끼따이.

02 시원한 맥주가 마시고たい.
쯔메따이 비-루가 노미따이.

03 즐거웠던 그날에 돌아가고たい.
타노시깟따 아노히니 카에리따이.

04 재미있는 영화가 보고たい.
오모시로이 에-가가 미따이.

05 나는 오래 살고たい.
와따시와 나가꾸 이끼따이.

06 나도 참가하たいです.
와따시모 상까시따이데쓰.

07 우동 먹고たい 사람 있습니까?
우도ㅇ 타베따이 히또 이마스까?

08 방から 나가고たい.
헤야까라 데따이.

09 방から 나가고たくない.
헤야까라 데따꾸나이.

✂ 잘라서 복습에 사용하세요

UNIT 3-13 たい ～하고 싶다 아노 히니 카에리따이. 그날로 돌아가고 싶다.

🎧 MP3 3-13 あの日に帰りたい。

▶▶ 희망사항.

01 <u>夏休み</u>には<u>ハワイ</u>に行きたい。
여름방학 에 는 하와이 에 가고 싶다.

02 <u>つめたい</u> <u>ビール</u>が飲みたい。
시원한 맥주 를 마시고 싶다.

03 <u>楽しかった</u> <u>あの</u> <u>日</u>に帰りたい。
즐거웠던 그 날 로 돌아가고 싶다.

04 <u>おもしろい</u> <u>映画</u>が見たい。
재미있는 영화 를 보고 싶다.

05 <u>私</u>は<u>長く</u> 生きたい。
나 는 오래 살고 싶다.

06 <u>私</u>も<u>参加</u> したい <u>です</u>。
나 도 참가 하고 싶 습니다.

07 <u>うどん</u> 食べたい <u>人</u>いますか。
우동 먹고 싶은 사람 있습니 까?

08 <u>部屋</u>から出たい。
방 에서 나가고 싶다.

09 <u>部屋</u>から出たく ない。
방 에서 나가고 싶지 않다.(たい는 형용사이므로 형용사 활용)

소리로 단어를 익히세요!

야마 : 산   우미 : 바다   소라 : 하늘

3-14 ~ことができる (~할 수 있다)

🎧 MP3-3-14

01 나는 한자를 쓸 ことが できる.
와따시와 카ㄴ지오 카꾸 코또가 데끼루.

02 이것은 백화점で 살 ことが できます.
코레와 데빠-또데 카우 코또가 데끼마쓰.

03 언제쯤 만날 ことが できますか?
이쯔고로 아우 코또가 데끼마스까.

04 동물원で 사자를 볼 ことが できます.
도-부쯔에ㄴ데 라이오ㅇ오 미루 코또가 데끼마쓰.

05 당신が 없으면 살 ことが できません.
아나따가 이나께레바 이끼루 코또가 데끼마세ㅇ.

06 생각대로 살 ことは できない.
오모이도-리니 이끼루 코또와 데끼나이.

07 나는 복숭아를 먹을 ことが できます.
와따시와 모모오 타베루 코또가 데끼마쓰.

08 그녀는 사과를 먹을 ことが できません.
카노죠와 리ㅇ고오 타베루 코또가 데끼마세ㅇ.

09 나는 운전できます.
와따시와 우ㄴ떼ㄴ데끼마스.

✂ ----- 잘라서 복습에 사용하세요 -----

UNIT 3-14 ことができる ~할 수 있다 와따시와 카ㄴ지오 카꾸 코또가 데끼루.

🎧 MP3 3-14 私は漢字を書くことができる。 나는 한자를 쓸 수 있다.

▶▶ 가능 표현.

---

01 **私は漢字を書くことができる。**
나 는 한자 를 쓰는 것 이 가능하다.

02 **これはデパートで買うことができます。**
이것 은 백화점 에서 사는 것 이 가능합니다.

03 **いつごろ会うことができますか。**
언제 쯤 만나는 것 이 가능합니 까?

04 **動物園でライオンを見ることができます。**
동물원 에서 사자 를 보는 것 이 가능합니다.

05 **あなたがいなければ生きることができません。**
당신 이 없으면 사는 것 이 가능하지 않습니다.

06 **おもいどおりに生きることはできない。**
생각 대로 사는 것 은 가능하지 않다.

07 **私はももを食べることができます。**
나 는 복숭아 를 먹는 것 이 가능합니다.

08 **彼女はりんごを食べることができません。**
그녀 는 사과 를 먹는 것 이 가능하지 않습니다.

09 **私は運転できます。**
나 는 운전 가능합니다.

소리로 단어를 익히세요!

오니-사o : 형, 오빠   오네-상 : 누나, 언니

3-15 ~ことがある (~한 적이 있다)
코 토 가 아 루

🎧 MP3-3-15

01 미국へ 갔던 ことが あります.
아메리까에 이ㅅ따 코또가 아리마쓰.

02 비행기に 탔던 ことが あります.
히꼬-끼니 노ㅅ따 코또가 아리마쓰.

03 아사히 맥주を 마신 ことが ありますか?
아사히 비-루오 노ㄴ다 코또가 아리마스까.

04 어디かで 본 ことが あります.
도꼬까데 미따 코또가 아리마쓰.

05 한국で 운전을 한 ことが あります.
카ㅇ꼬꾸데 우ㄴ떼ㄴ오 시따 코또가 아리마쓰.

06 당신을 여자로 느꼈던 ことは ありません.
아나따오 오ㄴ나또시떼 카ㄴ지따 코또와 아리마세ㄴ.

07 규동 먹은 こと ある?
규-도。타베따 코또 아루?

08 자살을 생각했던 ことが ある.
지사쯔오 카ㅇ가에따 코또가 아루.

09 급한 일で 예정을 바꿨던 ことが あります.
큐-요-데 요떼-오 카에따 코또가 아리마쓰.

✂ ----- 잘라서 복습에 사용하세요 -----

UNIT 3-15 たことがある ~한 적이 있다   미따 코또가 아루. 본 적이 있다.

🎧 MP3 3-15 どこかで見たことがある。

▶▶ 과거 경험.
▶▶ 동사의 과거형과 연결.

01 アメリカへ行ったことがあります。
    미국 에 갔던 적 이 있습니다.

02 飛行機に乗ったことがあります。
    비행기 를 탔던 적 이 있습니다.

03 あさひビールを飲んだことがありますか。
    아사히 맥주 를 마신 적 이 있습니 까?

04 どこかで見たことがあります。
    어딘 가 에서 본 적 이 있습니다.

05 韓国で運転をしたことがあります。
    한국 에서 운전 을 한 적 이 있습니다.

06 あなたを女として感じたことはありません。
    당신을 여자로 느낀 적은 없습니다.

07 牛丼食べたことある？
    규동 먹은 적 있어?

08 自殺を考えたことがある。
    자살 을 생각했던 적 이 있다.

09 急用で予定をかえたことがあります。
    급한 일 로 예정 을 바꾼 적 이 있습니다.

소리로 단어를 익히세요!

하야꾸 : 빨리   유ㄱ꾸리 : 천천히

3-16 ながら (~하면서)

🎧 MP3-3-16

01 **걸으ながら** 책을 읽는다.
아루끼나가라 호ᵒ오 요무.

02 책을 **읽으ながら** 음악을 듣고 있다.
호ᵒ오 요미나가라 오ᵒ가꾸오 키-떼 이루.

03 커피를 **마시ながら** 신문을 읽는 버릇이 있다.
코-히-오 노미나가라 심부ᵒ오 요무 쿠세가 아루.

04 TV를 **보ながら** 숙제를 한다.
테레비오 미나가라 슈꾸다이오 스루.

05 음악을 **들으ながら** 공부를 합니다.
오ᵒ가꾸오 키끼나가라 베ᵒ꾜-오 시마쓰.

06 세탁을 **하ながら** 청소를 한다.
센따꾸오 시나가라 소-지오 스루.

07 라면을 **먹으ながら** 편지를 씁니다.
라-메ᵒ오 타베나가라 테가미오 카끼마쓰.

08 **자ながら** 잠꼬대를 한다.
네나가라 네고또오 이우.

09 알고 **있으ながら** 모르는 체를 하다.
시ㅅ떼 이나가라 시라나이 후리오 스루.

✂ ----- 잘라서 복습에 사용하세요 -----

UNIT 3-16 ながら ~하면서 호ᵒ오 요미나가라 오ᵒ가꾸오 키꾸.

🎧 MP3 3-16 本を読みながら音楽を聞く。 책을 읽으면서 음악을 듣는다.

▶▶ 각기 다른 다른 동작이 동시에 이루어지고 있음.

01 **歩きながら 本を 読む。**
걸으면서 책 을 읽는다.

02 **本を 読みながら 音楽を 聞いている。**
책 을 읽으면서 음악 을 듣고 있다.

03 **コーヒーを 飲みながら 新聞を 読む くせ が ある。**
커피 를 마시면서 신문 을 읽는 버릇 이 있다.

04 **テレビを 見ながら 宿題を する。**
TV 를 보면서 숙제 를 한다.

05 **音楽を 聞きながら 勉強を します。**
음악 을 들으면서 공부 를 합니다.

06 **洗濯を しながら 掃除を する。**
세탁 을 하면서 청소 를 한다.

07 **ラーメンを 食べながら 手紙を 書きます。**
라면 을 먹으면서 편지 를 씁니다.

08 **寝ながら ねごとを 言う。**
자면서 잠꼬대 를 말한다.

09 **知って いながら 知らない ふり を する。**
알고 있으면서 모르는 체 를 하다.

소리로 단어를 익히세요!

후꾸 : 옷   키모노 : 전통의상   스-쯔 : 정장

3교시 4세트

01 つめたい ビール が 飲みたい。

02 私 は 漢字 を 書く こと が できる。

03 どこ か で 見た こと が あります。

04 本 を 読みながら 音楽 を 聞いて いる。

四時限目
요ㄴ
4교시

4교시 1세트에서는 호응 표현에 대해서 공부합니다. 호응이란 앞에 어떤 말이 오면 뒤에 거기에 응하는 말이 따라오는 것을 말합니다. 전혀 ~하지않다, 마치 ~같다 처럼 짝꿍이 있는 말을 뜻합니다. 호응 표현은 상당히 고급 표현으로 여겨지기 때문에 외국인이 이런 표현을 쓰면 일본인들은 굉장히 신기해하곤 합니다. 일상적인 대화나 드라마에서 자주 쓰이므로 여기에 나온 표현 만이라도 꼭 짚고 넘어가야 합니다.

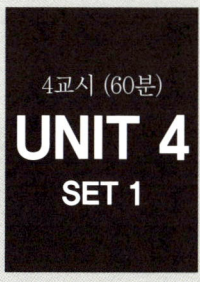

4교시 (60분)
UNIT 4
SET 1

자주 쓰는 고급 표현, 집중 연습
- 1세트 : ぜんぜん~ない あまり~ない ~ば~ほど ~たり
- 2세트 : なる あう のる すきだ じょうずだ
- 3세트 : かもしれない にいく ほうがいい 수동형
- 4세트 : ね よ わ ぞ

4-01 ぜんぜん～ない (전혀 ～않다)

🎧 MP3-4-01

01 나는 커피를 ぜんぜん 마시지 ない.
와따시와 코-히-오 젠ㄴ젠ㄴ 노마나이.

02 최근 그는 ぜんぜん 웃지 ない.
사이끼ㅇ 카레와 젠ㄴ젠ㄴ 와라와나이.

03 ぜんぜん 재미있지 ないです.
젠ㄴ젠ㄴ 오모시로꾸 나이데쓰.

04 ぜんぜん 알지 ない 사람입니다가.
젠ㄴ젠ㄴ 시라나이 히또데스가.

05 ぜんぜん 본 적 ない 동물입니다.
젠ㄴ젠ㄴ 미따 코또 나이 도-부쯔데스.

06 나는 복숭아가 ぜんぜん 좋아하지 ないです.
와따시와 모모가 젠ㄴ젠ㄴ 스끼데와 나이데쓰.

07 시끄러워서 ぜんぜん 공부할 수 ない.
우루사꾸떼 젠ㄴ젠ㄴ 베ㅇ꾜-데끼나이.

08 그녀로부터는 ぜんぜん 연락이 ない.
카노죠까라와 젠ㄴ젠ㄴ 레ㄴ라꾸가 나이.

09 김치는 ぜんぜん 맵지 ありません.
키무찌와 젠ㄴ젠ㄴ 카라꾸 아리마세ㅇ.

✂ ----- 잘라서 복습에 사용하세요 -----

UNIT 4-01 ぜんぜん～ない 전혀 ～하지 않다 젠ㄴ젠ㄴ 시라나이 히또데스.

🎧 MP3 4-01 全然知らない人です。전혀 모르는 사람입니다.

▶▶ 부정 표현과 결합하는 호응 표현.

01　私は コーヒーを ぜんぜん 飲まない。
　　　나는　　커피를　　　전혀　　마시지 않는다.

02　最近 彼は ぜんぜん 笑わない。
　　　최근　그는　　전혀　　웃지 않는다.

03　ぜんぜん 面白く ないです。
　　　전혀　　재미있지 않습니다.

04　ぜんぜん 知らない 人ですが。
　　　전혀　　모르는　사람입니다만.

05　ぜんぜん 見たこと ない 動物です。
　　　전혀　　본 적　없는　동물입니다.

06　私は ももが 全然 好きでは ないです。
　　　나는 복숭아를 전혀 좋아하지 않습니다.

07　うるさくて 全然 勉強できない。
　　　시끄러워서　전혀　공부할 수 없다.

08　彼女からは ぜんぜん 連絡が ない。
　　　그녀에게서는　전혀　연락이 없다.

09　キムチは ぜんぜん 辛く ありません。
　　　김치는　　전혀　　맵지　않습니다.

소리로 단어를 익히세요!

에-가 : 영화　　오o가꾸 : 음악　　에 : 그림

4-02 あまり～ない (그다지 ~않다)
<small>아 마 리　　나 이</small>

🎧 **MP3-4-02**

01 나는 술은 あまり 마시지 ない.
<small>와따시와 오사께와 아마리 노마나이.</small>

02 공원은 여기에서 あまり 멀지 ない.
<small>코-에ㅇ와 코꼬까라 아마리 토-꾸 나이.</small>

03 커피는 あまり 좋아하지 ありません.
<small>코-히-와 아마리 스끼데와 아리마세ㅇ.</small>

04 이 방은 あまり 조용하지 ない군요.
<small>코노 헤야와 아마리 시즈까데와 나이데스네.</small>

05 그녀가 만든 요리는 あまり 맛있지 ない.
<small>카노죠가 쯔꾸ㅅ따 료-리와 아마리 오이시꾸 나이.</small>

06 원래 드라마는 あまり 안 봅니다.
<small>모또모또 도라마와 아마리 미마세ㅇ.</small>

07 성적이 あまり 좋지 ない입니다.
<small>세-세끼가 아마리 요꾸나이데쓰.</small>

08 あまり 흥미가 ない.
<small>아마리 쿄-미가 나이.</small>

09 한라산은 あまり 높지 ない.
<small>하ㄴ라사ㅇ와 아마리 타까꾸 나이.</small>

✂ ----- 잘라서 복습에 사용하세요 -----

UNIT 4-02 **あまり～ない 그다지 ~않다**　세-세끼가 아마리 요꾸나이데쓰.

🎧 **MP3 4-02** 成績があまりよくないです.

▶▶ 부정 표현과 결합하는 호응 표현.

01 　私は お酒は あまり 飲まない。
　　　나는　술은　　그다지　마시지 않는다.

02 　公園は ここから あまり 遠くない。
　　　공원은　여기에서　그다지　멀지 않다.

03 　コーヒーは あまり 好きでは ありません。
　　　커피는　　그다지　좋아하지　　않습니다.

04 　この部屋は あまり 静かでは ないですね。
　　　이 방은　　그다지　조용하지　　않군요.

05 　彼女が 作った 料理は あまり おいしくない。
　　　그녀가　만든　요리는　그다지　맛있지 않다.

06 　もともと ドラマは あまり 見ません。
　　　원래　　드라마는　별로　안 봅니다.

07 　成績が あまり 良く ないです。
　　　성적이　그다지　좋지　않습니다.

08 　あまり 興味が ない。
　　　그다지　흥미가　없다.

09 　ハンラサンは あまり 高くない。
　　　한라산은　　그다지　높지 않다.

소리로 단어를 익히세요!

우시 : 소　　우마 : 말　　니와또리 : 닭

4-03 ～ば～ほど (～하면 ～할수록)

🎧 MP3-4-03

01 읽으ば 읽을ほど 재미있는 책입니다.
요메바 요무호도 오모시로이 호ㄴ데쓰.

02 일본어는 공부하ば 할ほど 어려워집니다.
니호ㅇ고와 베ㅇ꾜-스레바 스루호도 무즈까시꾸 나리마쓰.

03 불고기는 먹으ば 먹을ほど 먹고싶어 진다.
부루고기와 타베레바 타베루호도 타베타꾸 나루.

04 보ば 볼ほど 아름다운 그녀의 얼굴.
미레바 미루호도 우쯔꾸시이 카노죠노 카오.

05 운전은 하ば 할ほど 능숙해진다.
우ㄴ떼ㅇ와 스레바 스루호도 죠-즈니 나루.

06 생각하ば 생각할ほど 어처구니가 없다.
카ㅇ가에레바 카ㅇ가에루호도 바까바까시이.

07 돈은 많으ければ 많을ほど 좋다.
오까네와 오-께레바 오-이호도 이이.

08 아파트는 넓으ければ 넓을ほど 비싸다.
아빠-또와 히로께레바 히로이호도 타까이.

09 방은 조용なら 조용なほど 좋겠지요.
헤야와 시즈까나라 시즈까나호도 이이데쇼-.

✂ ----- 잘라서 복습에 사용하세요 -----

UNIT 4-03 ～ば～ほど ～하면 ～할수록   스레바 스루호도 죠-즈니 나루.

🎧 MP3 4-03 すれ ばする ほど 上手になる。 하면 할수록 능숙해진다.

180

▶▶ 비례적으로 발생하는 변화.

01 　読めば 読む ほど 面白い 本です。
　　　읽으면　읽을　수록　재미있는 책입니다.

02 　日本語は 勉強すれば する ほど 難しく なります。
　　　일본어는　공부하면　할　수록　어려워　집니다.

03 　ブルゴギは 食べれば 食べる ほど 食べたく なる。
　　　불고기는　먹으면　먹을　수록　먹고싶어　진다.

04 　見れば 見る ほど 美しい 彼女の 顔。
　　　보면　볼　수록　아름다운　그녀의 얼굴.

05 　運転は すれば する ほど 上手に なる。
　　　운전은　하면　할　수록　능숙해　진다.

06 　考えれば 考える ほど ばかばかしい。
　　　생각하면　생각할　수록　어처구니가 없다.

07 　お金は 多ければ 多い ほど いい。
　　　돈은　많으면　많을　수록　좋다.

08 　アパートは 広ければ 広い ほど 高い。
　　　아파트는　넓으면　넓을　수록　비싸다

09 　部屋は 静かなら 静かな ほど いいでしょう。
　　　방은　조용하면　조용할　수록　좋겠지요.

소리로 단어를 익히세요!

세ㄴ세ー : 선생님　　가쿠세ー : 학생

4-04 〜たり〜たり (〜하거나 〜하거나)

🎧 MP3-4-04

01 ドラマを 見たり 散歩を したり します.
도라마오 미따리 사ㅁ뽀-오 시따리 시마쓰.

02 音楽を 聞いたり 本を 読んだり します.
오ㅇ가꾸오 키-따리 호ㅇ오 요ㄴ다리 시마쓰.

03 週末には 友達に 会ったり 掃除を したり します.
슈-마쯔니와 토모다찌니 아ㅅ따리 소-지오 시따리 시마쓰.

04 歌を 歌ったり 踊ったり します.
우따오 우따ㅅ따리 오도ㅅ따리 시마쓰.

05 彼は 家の 前で 来たり 行ったり して います.
카레와 이에노 마에데 이ㅅ따리 키따리 시떼 이마쓰.

06 泣いたり 笑ったり しては いけません.
나이따리 와라ㅅ따리 시떼와 나리마세ㅇ.

07 夏なのに 暑かったり 寒かったり します.
나쯔나노니 아쯔까ㅅ따리 사무까ㅅ따리 시마쓰.

08 野球を したり します.
야뀨-오 시따리 시마쓰.

09 映画を 見たり します.
에-가오 미따리 시마쓰.

✂ 잘라서 복습에 사용하세요

UNIT 4-04 〜たり〜たり 〜하거나 〜하거나   오ㅇ가꾸오 키-따리 호ㅇ오 욘다리.

🎧 MP3 4-04 音楽を 聞いたり 本を 読んだり。 음악을 듣거나 책을 읽거나.

▶▶ 많은 사례 중 일부의 예를 들 때.
▶▶ 행위나 현상이 반복적으로 나타나는 경우.

01　ドラマを 見たり 散歩を したり します。
　　　드라마를　보거나　산책을　하거나　합니다.(사례)

02　音楽を 聞いたり 本を 読んだり します。
　　　음악을　듣거나　책을　읽거나　합니다.(사례)

03　週末には 友達に 会ったり 掃除を したり します。
　　　주말에는　친구들을　만나거나　청소를　하거나　합니다.(사례)

04　歌を うたったり おどったり します。
　　　노래를　부르거나　춤을 추거나　합니다.

05　彼は 家の前で 行ったり 来たり しています。
　　　그는　집 앞에서　왔다　갔다　하고 있습니다.(반복)

06　泣いたり 笑ったり しては なりません。
　　　울다가　웃다가　해서는　안 됩니다.(반복)

07　夏 なのに 暑かったり 寒かったり します。
　　　여름　인데　더웠다가　추웠다가　합니다.(반복)

08　野球を したり します。
　　　야구를　하거나　합니다.(사례)

09　映画を 見たり します。
　　　영화를　보거나　합니다.(사례)

소리로 단어를 익히세요!

세-또 : 학생(중고등학생)　　가꾸세- : 학생(대학생)

 **4교시 1세트**

01 ぜんぜん 面白く ないです。

02 ハンラサンは あまり 高くない。

03 お金は 多ければ 多い ほど いい。

04 音楽を 聞いたり 本を 読んだり します。

四時限目
요ㄴ
4교시

4교시 2세트에서는 조사 사용이 우리말과 다른 표현 4가지를 공부합니다. ~가 되다는 조사 (가)가 아니라 (니)를 쓴다거나 ~를 잘하다는 (오)가 아니라 (가)를 쓴다거나 하는 식입니다. 이렇게 예외적인 조사를 취하는 동사는 거의 없으므로 딱 4가지만 알아두면 되겠습니다.

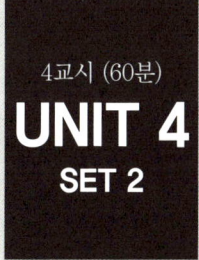

4교시 (60분)
UNIT 4
SET 2

자주 쓰는 고급 표현, 집중 연습

- 1세트 : ぜんぜん~ない　あまり~ない　~ば~ほど　~たり
- **2세트 : なる　あう　のる　すきだ　じょうずだ**
- 3세트 : かもしれない　にいく　ほうがいい　수동형
- 4세트 : ね　よ　わ　ぞ

4-05 なる あう のる (되다, 만나다, 타다)
나루 아우 노루

🎧 MP3-4-05

01 아이가 어른に 되다.
코도모가 오토나니 나루.

02 그녀는 선생님に 되었다.
카노죠와 센세-니 낫따.

03 야마다 씨と 다나카 씨는 친구に 되었다.
야마다 산또 타나까 상와 토모다찌니 낫따.

04 다나카 씨に 만날 생각은 없다.
타나까상니 아우 쯔모리와 나이.

05 두 번 다시 당신に 만날 일은 없을 것이다.
니도또 아나따니 아우 코또와 나이다로-.

06 그녀に 만나고 싶다.
카노죠니 아이따이.

07 그는 매일 아침 전철に 탄다.
카레와 마이아사 덴샤니 노루.

08 버스に 타고 갑시다.
바스니 놋떼 이끼마쇼-.

09 배に 타본 적이 있습니까?
후네니 놋따 코또가 아리마스까?

✂ 잘라서 복습에 사용하세요

UNIT 4-05 なる あう のる 되다 만나다 타다 조사 に를 필요로 한다.

🎧 MP3 4-05 ～になる ～に会う ～にのる

▶▶ ~가 되다(なる), ~를 만나다(あう), ~를 타다(のる)는 조사 に를 쓴다.

---

01 **子供が 大人に なる**。
    아이가 어른이 되다.

02 **彼女は 先生に なった**。
    그녀는 선생님이 되었다.

03 **山田さんと 田中さんは 友達に なった**。
    야마다 씨와 다나카 씨는 친구가 되었다.

04 **田中さんに 会う つもりは ない**。
    다나카 씨를 만날 생각은 없다.

05 **二度と あなたに 会う ことは ないだろう**。
    두 번 다시 당신을 만날 일은 없을 것이다.

06 **彼女に 会いたい**。
    그녀를 만나고 싶다.

07 **彼は 毎朝 電車に のる**。
    그는 매일 아침 전철을 탄다.

08 **バスに 乗って 行きましょう**。
    버스를 타고 갑시다.

09 **船に 乗った ことが ありますか**。
    배를 타본 적이 있습니까?

소리로 단어를 익히세요!

오-다ㅇ호도- : 횡단보도   호도-꾜- : 육교   코-사떼ㅇ : 사거리

4-06 なる あう のる (되다, 만나다, 타다)
나루 아우 노루

🎧 MP3-4-06

01 구름은 비に なる.
쿠모와 아메니 나루.

02 얼음が 녹아 水に なる.
코-리가 토께떼 미즈니 나루.

03 봄に なる면 꽃が 핀다.
하루니 나루또 하나가 사꾸.

04 은행 앞で 그녀に あう.
기ㅇ꼬-노 마에데 카노죠니 아우.

05 길모퉁이で 친구に あった.
마찌까도데 유-지ㄴ니 아ㅅ따.

06 어제 학교で 김 선생님に あった.
키노- 가ㄱ꼬-데 키무세ㄴ세-니 아ㅅ따.

07 신칸센に のって 도쿄まで 갑니다.
시ㅇ까ㄴ세ㄴ니 노ㅅ떼 토-꾜-마데 이끼마쓰.

08 잘생긴 청년が 파도に のる.
하ㄴ사무나 세-네ㅇ가 나미니 노루.

09 세일러복 모습で 자전거に のる 소녀.
세-라-후꾸 스가타데 지떼ㄴ샤니 노루 쇼-죠.

------ ✂ ------ 잘라서 복습에 사용하세요 ------

UNIT 4-06 なる あう のる 되다 만나다 타다 조사 に를 필요로 한다.

🎧 MP3 4-06 ～になる ～に会う ～にのる

▶▶ ~가 되다(なる), ~를 만나다(あう), ~를 타다(のる)는 조사 に를 쓴다.

01 　雲は 雨になる。
　　구름은 비가 되다.

02 　氷が とけて 水になる。
　　얼음이 녹아 물이 되다.

03 　春になる と 花が さく。
　　봄이 되면 꽃이 핀다.

04 　銀行の 前で 彼女に 会う。
　　은행 앞에서 그녀를 만난다.

05 　まちかどで 友人に 会った。
　　길모퉁이에서 친구를 만났다.

06 　きのう 学校で 金先生に 会った。
　　어제 학교에서 김 선생님을 만났다.

07 　新幹線に 乗って 東京まで 行きます。
　　신칸센을 타고 도쿄까지 갑니다.

08 　ハンサムな 青年が なみに 乗る。
　　잘생긴 청년이 파도를 탄다.

09 　セーラー服 すがたで 自転車に 乗る 少女。
　　세일러복 모습으로 자전거를 타는 소녀.

소리로 단어를 익히세요!

고슈지o : 남편분　　오꾸사o : 부인　　오ㅅ또 : 남편　　츠마 : 아내

189

4-07 すきだ きらいだ (좋아한다, 싫어한다)
스끼다 키라이다

🎧 MP3-4-07

01 나는 수학이 좋아한다.
와따시와 스-가꾸가 스끼다.

02 나는 영어가 싫어합니다.
와따시와 에-고가 스끼데쓰.

03 생선회と 불고기가 좋아합니다.
사시미또 야끼니꾸가 스끼데쓰.

04 우유と 치즈가 싫어한다.
규-뉴-또 치-즈가 키라이다.

05 당신은 아이들이 좋아합니까?
아나따와 코도모가 스끼데스까.

06 나는 아이들이 싫어합니다.
와따시와 코도모가 키라이데쓰.

07 나는 동방신기가 아주 좋아합니다.
와따시와 토-호-시ㅇ끼가 다이스끼데쓰.

08 당신의 웃는 얼굴이 너무 좋아합니다.
아나따노 에가오가 다이스끼데쓰.

09 나는 학교가 아주 싫어한다.
와따시와 가ㄱ꼬-가 다이끼라이다.

✂ ---- 잘라서 복습에 사용하세요 ----

UNIT 4-07 すきだ きらいだ 좋아한다 싫어한다 조사 が를 필요로 한다.

🎧 MP3 4-07 〜が好きだ 〜が嫌いだ

▶▶ ~를 좋아한다(すきだ) ~를 싫어한다(きらいだ)는 조사 を가 아니라 が를 쓴다.

01 　私は 数学が すきだ。
　　　나는　수학을　좋아한다.

02 　私は 英語が きらいです。
　　　나는　영어를　싫어합니다.

03 　さしみと やきにくが 好きです。
　　　생선회와　불고기를　좋아합니다.

04 　牛乳と チーズが 嫌いだ。
　　　우유와　치즈를　싫어한다.

05 　あなたは 子供が 好きですか。
　　　당신은　아이들을　좋아합니까?

06 　私は 子供が きらいです。
　　　나는　아이들을　싫어합니다.

07 　私は 東方神起が 大好きです。
　　　나는　동방신기를　아주 좋아합니다.

08 　あなたの 笑顔が 大好きです。
　　　당신의　웃는 얼굴을 너무 좋아합니다.

09 　私は 学校が 大嫌いだ。
　　　나는　학교를　아주 싫어한다.

소리로 단어를 익히세요!

입국 : 뉴-꼬꾸　　슈ㄱ꼬꾸 : 출국　　파스뽀-또 : 여권

4-08 じょうずだ へjust だ (능숙하다, 서투르다)

🎧 MP3-4-08

01 당신은 일본어가 잘하는군요.
아나따와 니호ㅇ고가 죠-즈데스네.

02 그는 한국어가 서툽니다.
카레와 카ㅇ꼬꾸고가 헤따데쓰.

03 야마다 씨는 글씨가 잘 씁니다.
야마다사ㅇ와 지가 죠-즈데쓰.

04 이 학생은 글씨가 잘 못씁니다.
코노 가꾸세-와 지가 헤따데쓰.

05 어머니는 요리가 잘합니다.
오까-사ㅇ와 료-리가 죠-즈데쓰.

06 아버지가 요리가 서툽니다.
오또-사ㅇ와 료-리가 헤따데쓰.

07 그는 시간관리가 잘합니다.
카레와 지까ㅇ까ㄴ리가 죠-즈데쓰.

08 그녀는 시간관리가 잘 못합니다.
카노죠와 지까ㅇ까ㄴ리가 헤따데쓰.

09 나는 영어가 잘합니다.
와따시와 에-고가 토꾸이데쓰.

✂ ----- 잘라서 복습에 사용하세요 -----

UNIT 4-08 じょうずだ へただ 잘한다 못한다 조사 が를 필요로 한다.

🎧 MP3 4-08 ～が上手だ ～が下手だ

▶▶ 객관적으로 다른 사람의 실력에 대해 평가할 때.
▶▶ 잘한다(じょうずだ) 못한다(へただ)는 조사 を가 아니라 が를 쓴다.

01 あなたは 日本語が じょうずですね。
당신은 일본어를 잘하는군요.

02 彼は 韓国語が へたです。
그는 한국어가 서툽니다.

03 山田さんは 字が 上手です。
야마다 씨는 글씨를 잘 씁니다.

04 この学生は 字が 下手です。
이 학생은 글씨를 잘 못씁니다.

05 お母さんは 料理が 上手です。
어머니는 요리를 잘합니다.

06 お父さんは 料理が 下手です。
아버지는 요리가 서툽니다.

07 彼は 時間管理が 上手です。
그는 시간관리를 잘합니다.

08 彼女は 時間管理が 下手です。
그녀는 시간관리를 잘 못합니다.

09 私は 英語が 得意です。
나는 영어를 잘합니다.(본인의 실력에 대해 말할 때)

소리로 단어를 익히세요!
기ㅇ꼬-: 은행   료-가에 : 환전

복습 4교시 2세트

01　子供が 大人に なる。

02　彼女に 会いたい。

03　自転車に 乗る 少女。

04　私は 数学が すきだ。

05　日本語が じょうずですね。

四時限目
요ㄴ
4교시

4교시 3세트에서는 좀더 고급스러운 표현을 공부합니다. 외국인인 우리가 이런 표현을 쓸 기회는 그다지 없겠지만 일본인들은 꽤 자주 사용하기 때문에 그들이 말하는 것을 알아듣기 위해서라도 반드시 외워두어야 하는 중요한 표현입니다. 자주 듣다보면 저절로 입에서도 나오게 되니까 기왕 하는거 큰 소리로 따라 읽어봅시다!

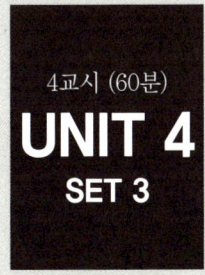

4교시 (60분)
UNIT 4
SET 3

자주 쓰는 고급 표현, 집중 연습
- 1세트 : ぜんぜん〜ない　あまり〜ない　〜ば〜ほど　〜たり
- 2세트 : なる　あう　のる　すきだ　じょうずだ
- **3세트 : かもしれない　にいく　ほうがいい　수동형**
- 4세트 : ね　よ　わ　ぞ

4-09 ～かもしれない (～지도 모른다)
까모시레나이

🎧 MP3-4-09

01 그녀는 결석할かも しれない.
카노죠와 케ㅅ세끼스루 까모 시레나이.

02 내일은 비가 올かも しれない.
아시따와 아메가 후루 까모 시레나이.

03 기다리고 있을かも しれない.
마ㅅ떼이루 까모 시레나이.

04 다나카 씨는 안 올かも しれない.
타나까사ㅇ와 코나이 까모 시레나이.

05 일요일은 바쁠かも しれない.
니찌요-비와 이소가시이 까모 시레나이.

06 이것이 마지막 기회일かも しれません.
코레가 사이고노 챠ㄴ스 까모 시레마세ㅇ.

07 그는 변태일かも しれません.
카레와 헤ㄴ따이 까모 시레마세ㅇ.

08 한국에서는 비쌀かも しれません.
카ㅇ꼬꾸데와 타까이 까모 시레마세ㅇ.

09 그럴かも (모릅니다).
소- 까모.

잘라서 복습에 사용하세요

UNIT 4-09 かも知れない ～지도 모른다   아시따와 아메가 후루까모 시레나이.

🎧 MP3 4-09 明日は雨が降るかも知れない。 내일은 비가 올지도 모른다.

▶▶ 불확실한 사항에 대한 추측.

01 彼女は 欠席する かも しれない。
    그녀는   결석할   지도   모른다.

02 明日は 雨が降る かも 知れない。
    내일은   비가 올   지도   모른다.

03 待っている かも 知れない。
    기다리고 있을   지도   모른다.

04 田中さんは 来ない かも 知れない。
    다나카 씨는   안 올   지도   모른다.

05 日曜日は 忙しい かも 知れない。
    일요일은   바쁠   지도   모른다.

06 これが 最後のチャンス かも 知れません。
    이것이   마지막 기회일   지도   모릅니다.

07 彼は 変態 かも 知れません。
    그는   변태일   지도   모릅니다.

08 韓国では 高い かも 知れません。
    한국에서는   비쌀   지도   모릅니다.

09 そうかも。
    그럴지도.

소리로 단어를 익히세요!
도아 : 문   마도 : 창문

4-10 ～に行く (～하러 가다)

🎧 MP3-4-10

01 영화를 보に いく.
에-가오 미니 이꾸.

02 바다へ 수영하に いきます.
우미에 오요기니 이끼마쓰.

03 밥을 먹으に いきました.
고항오 타베니 이끼마시따.

04 그녀に 만나に いく.
카노죠니 아이니 이꾸.

05 무엇을 하に いきますか?
나니오 시니 이끼마스까?

06 영어를 공부하に いきます.
에-고오 베ㅇ꾜-시니 이끼마쓰.

07 책을 빌리に 도서관へ いきます.
호ㅇ오 카리니 토쇼까ㅇ에 이끼마쓰.

08 공원へ 산책하に いきます.
코-에ㄴ에 사ㅁ뽀니 이끼마쓰.

09 백화점へ 쇼핑하に いきます.
데빠-또에 카이모노니 이끼마쓰.

 ----- 잘라서 복습에 사용하세요 -----

UNIT 4-10 ～に行く ～하러 가다   에-가오 미니 이꾸. 영화를 보러 가다.

🎧 MP3 4-10 映画を見に行く。

▶▶ 하러 가는(오는) 목적.

01 <u>映画を 見に 行く</u>。
　　　영화를　보러　간다.

02 <u>海へ およぎに 行きます</u>。
　　　바다에　수영하러　　갑니다.

03 <u>ごはんを 食べに 行きました</u>。
　　　밥을　　먹으러　　갔습니다.

04 <u>彼女に 会いに 行く</u>。
　　　그녀를　만나러　간다.

05 <u>何を しに 行きますか</u>。
　　　무엇을　하러　　갑니까?

06 <u>英語を 勉強しに 行きます</u>。
　　　영어를　공부하러　갑니다.

07 <u>本を 借りに 図書館へ 行きます</u>。
　　　책을　빌리러　　도서관에　갑니다.

08 <u>公園へ 散歩に 行きます</u>。
　　　공원에　산책하러　갑니다.

09 <u>デパートへ 買い物に 行きます</u>。
　　　백화점에　　쇼핑하러　　갑니다.

소리로 단어를 익히세요!

토이레 : 화장실　　토이레ㅅ또뻬-빠- : 휴지　　티ㅅ슈 뻬-빠- : 화장지

4-11 〜ほうがいい (〜하는 편이 좋다)

🎧 MP3-4-11

01 전화で 連絡を する ほうが いいです.
데ㅇ와데 레ㄴ라꾸오 시따 호-가 이이데쓰.

02 時間が 없으니까 택시に 타는 ほうが いい.
지까ㅇ가 나이노데 타꾸시-니 노ㅅ따 호-가 이이.

03 우유는 매일 마시는 ほうが いい.
규-뉴-와 마이니찌 노ㅁ다 호-가 이이.

04 열이 있으니까 오늘은 쉬는 ほうが いいですよ.
네쯔가 아루까라 쿄-와 야스ㅁ다 호-가 이이데스요.

05 그만두는 ほうが いい고 생각합니다.
야메따 호-가 이이또 오모이마쓰.

06 호텔을 예약하는 ほうが いいです.
호떼루오 요야꾸시따 호-가 이이데쓰.

07 나를 화나게 하지 않는 ほうが いいよ.
와따시오 오꼬라세나이 호-가 이이요.

08 비가 오는 날은 자전거에 타지 않는 ほうが いい.
아메가 후루 히와 지떼ㄴ샤니 노라나이 호-가 이이.

✂ 잘라서 복습에 사용하세요

UNIT 4-11 たほうはいい 〜하는 게 좋다   야메따 호-가 이이.

🎧 MP3 4-11 やめた方がいい。 그만두는 게 좋다.

▶▶ 적극적인 충고나 조언 또는 제안.
▶▶ 과거형과 연결된다.

01　電話で 連絡を した ほう が いいです。
　　전화로　연락을　하는　편　이　좋습니다.

02　時間が ないので タクシーに 乗った ほう が いい。
　　시간이　없으니까　택시를　타는　것　이　좋다.

03　牛乳は 毎日 飲んだ ほう が いい。
　　우유는　매일　마시는　편　이　좋다.

04　熱が あるから 今日は 休んだ 方が いいですよ。
　　열이　있으니까　오늘은　쉬는　게　좋겠어요.

05　やめた 方が いい と 思います。
　　그만두는　게　좋다　고　생각합니다.

06　ホテルを 予約した 方が いいです。
　　호텔을　예약하는　게　좋겠습니다.

07　私を おこらせない 方が いいよ。
　　나를　화나게 하지 않는　편이　좋아.

08　雨が 降る 日は 自転車に 乗らない 方が いい。
　　비가　오는　날은　자전거를　타지 않는　편이　좋다.

소리로 단어를 익히세요!

큐-꼬-레ㅅ샤 : 급행열차　　야꼬-바스 : 야간버스

4-12 ～aれる　～られる (수동형)
레루　라레루

🎧 MP3-4-12

01 많은 사람들이 이 책을 읽는다.
오-제-노 히또비또가 코노 호ㅇ오 요무.

02 이 책은 많은 사람들에 읽혀진다.
코노 호ㅇ와 오-제-노 히또비또니 요마레루.

03 남자가 나의 알몸을 본다.
오또꼬노 히또가 와따시노 하다까오 미루.

04 남자에 나의 알몸이 보여진다.
오또꼬노 히또니 와따시노 하다까가 미라레루.

05 남자의 알몸이 볼 수 있다.
오또꼬노 하다카가 미라레루.

06 동생이 케이크을 먹었습니다.
오또-또가 케-끼오 타베마시따.

07 케이크가 동생에 먹혔습니다.
케-끼가 오또-또니 타베라레마시따.

08 나는 케이크가 먹을 수 있습니다.
와따시와 케-끼가 타베라레마쓰.

✂------ 잘라서 복습에 사용하세요 ------

UNIT 4-12 れる　られる　～되어지다　코노 호ㅇ와 오-제-노 히또니 요마레루.

🎧 MP3 4-12　この本は大勢の人々に読まれる。이 책은 많은 사람들에게 읽혀진다.

▶▶ 수동형은 내가(주어가) 어떤 행위의 대상이 되었음을 의미한다.
▶▶ 1단동사는 가능의 의미도 가진다.
▶▶ 5단동사 어간 + aれる, 1단동사 어간 + られる

---

01 おおぜい の ひとびと が この 本 を 読む。
많음 ~인 사람들 이 이 책 을 읽는다.

02 この本は 大勢の 人々に 読まれる。
이 책은 많은 사람들에게 읽혀진다.

03 男の人が 私の はだか を 見る。
남자가 나의 알몸 을 보다.

04 男の人に 私の 裸が 見られる。
남자에게 나의 알몸이 보여지다.

05 男の 裸が 見られる。
남자의 알몸을 볼 수 있다.

06 おとうとが ケーキを 食べました。
동생이 케이크를 먹었습니다.

07 ケーキが 弟に 食べられました。
케이크가 동생에게 먹혔습니다.

08 私は ケーキが 食べられます。
나는 케이크를 먹을 수 있습니다.

소리로 단어를 익히세요!

키뷰뿌 : 표   키뷰뿌우리바 : 매표소

 **4교시 3세트**

01　明日は 雨が降る かも 知れない。

02　映画を 見に 行く。

03　タクシーに 乗った ほう が いい。

04　この本は 大勢の 人々に 読まれる。

四時限目
4교시

4교시 4세트에는 말을 끝맺는 종조사에 대해 공부합니다. 종조사는 본문의 의미에는 영향을 주지 않지만 전체적인 분위기를 부여하는 역할을 합니다. 또한 성별이나 나이, 상대에 따라 여러가지 종조사를 쓸 수 있지만 대표적인 것 4가지만으로도 충분히 의사소통을 할 수 있습니다. 이제 마지막입니다.

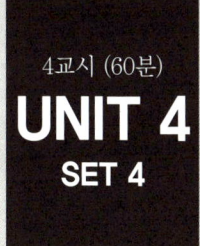

자주 쓰는 고급 표현, 집중 연습

- 1세트 : ぜんぜん~ない あまり~ない ~ば~ほど ~たり
- 2세트 : なる あう のる すきだ じょうずだ
- 3세트 : かもしれない にいく ほうがいい 수동형
- **4세트 : ね よ わ ぞ**

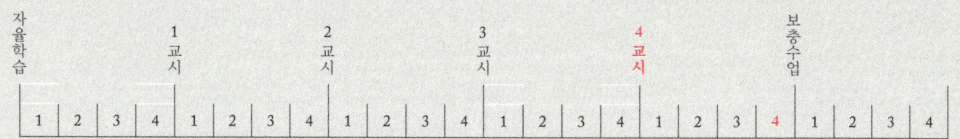

하루 일본어 첫걸음   소리를 들어보세요 ▶▶ 천천히 따라 읽으세요 ▶▶ 문장을 분석하세요

4-13 ～ね (～군요)

🎧 MP3-4-13

01 **그렇군요.**
    소-데스네.

02 **미남이시네요.**
    비나ㄴ데스네.

03 **그녀는 정말 아름답군요!**
    카노죠와 호ㄴ또-니 우쯔꾸시이데스네.

04 **오늘도 비가 내리는군요.**
    쿄-모 아메가 후리마스네.

05 **좋은 날씨군요.**
    이이 테ㅇ끼데스네.

06 **일본어는요, 정말 재미있는 언어입니다.**
    니호ㅇ고와네, 호ㄴ또-니 오모시로이 코또바데스.

07 **저기요, 실은 말이지요, 제가 먹었습니다.**
    아노네, 지쯔와데스네, 와따시가 타베마시따.

08 **이것은 당신의 책이지요?**
    코레와 아나따노 호ㄴ데스네?

09 **그렇지요?**
    소-데스네?

✂ ----- 잘라서 복습에 사용하세요 -----

UNIT 4-13 ね ～군요   내-데스네. 그렇군요.

🎧 MP3 4-13 そうですね。

▶▶ 부드러운 단정, 가벼운 주장, 감탄.

01 そう です**ね**。
    그렇 군요.

02 美男 です**ね**。
    미남 이시네요.

03 彼女は 本当に 美しいです**ね**。
    그녀는 정말 아름답군요!

04 今日も 雨が 降ります**ね**。
    오늘도 비가 내리는군요.

05 いい 天気です**ね**。
    좋은 날씨군요.

06 日本語は**ね**、本当に 面白い 言葉です。
    일본어는요, 정말 재미있는 언어입니다.

07 あの**ね**、実はです**ね**、私が 食べました。
    저기요, 실은 말이지요, 제가 먹었습니다.

08 これは あなたの 本です**ね**？
    이것은 당신의 책이지요?

09 そう です**ね**？
    그렇 지요?

소리로 단어를 익히세요!

와리비끼 : 할인   게끼야스 : 염가   타다 : 공짜

4-14 ～よ (~요, ~라고요, ~여)

🎧 MP3-4-14

01 저 사람은 좋은 사람이라고요.
아노 히또와 이이 히또데스요.

02 자, 갑니다!
사-, 이꾸요!

03 괜찮아요.
다이죠-부데스요.

04 나를 무시하지 마세요.
와따시오 무시시나이데요.

05 정말로 그래요.
호ㄴ또니 소-요.

06 이 사과 정말로 맛있어요.
코노 리ㅇ고 호ㄴ또-니 오이시-요.

07 좀 기다려요.
초ㅅ또 마ㅅ떼요.

08 봄이여, 오라!
하루요, 코이!

09 바람이여, 불어라!
카제요, 후께!

잘라서 복습에 사용하세요

UNIT 4-14 よ ～라고요 아노 히또와 이이 히또 데스요. 저 사람은 좋은 사람이라고요.
🎧 MP3 4-14 あの人はいい人ですよ。

▶▶ 친근한 사이에 부드러운 의견 표명, 약한 주장을 할 때, 대상을 부를 때.

01 **あの 人は いい人 ですよ**。
저 사람은 좋은 사람 이라고요.

02 **さあ、行くよ**。
자, 갑니다!

03 **大丈夫ですよ**。
괜찮아요.

04 **私を 無視 しないでよ**。
나를 무시 하지 마세요.

05 **本当に そうよ**。
정말로 그래요.

06 **この りんご 本当に おいしいよ**。
이 사과 정말로 맛있어요.

07 **ちょっと 待ってよ**。
좀 기다려요.

08 **春よ、来い**。
봄이여, 오라!

09 **風よ、吹け**。
바람이여, 불어라!

소리로 단어를 익히세요!

게쯔요-비 : 월요일   카요-비 : 화요일   스이요-비 : 수요일

4-15 〜わ (여성형 종조사)

🎧 MP3-4-15

01 **부끄러워요.**
하즈까시이와.

02 **몰라요.**
시라나이데스와.

03 **싫어요.**
이야다와.

04 **정말 놀랬어.**
호ㄴ또-니 오도로이따와.

05 **나도 그렇다고 생각해요.**
와따시모 소-다또 오모이마스와.

06 **연락이 없어서 걱정했다고요.**
레ㄴ라꾸가 나꾸떼 시ㅁ빠이시따와.

07 **오늘은 정말 즐거웠어.**
쿄-와 호ㄴ또-니 타노시까ㅅ따와.

08 **당신과 함께 살고 싶어요.**
아나따또 이ㅅ쇼니 이끼따이데스와.

09 **남자란 모두 똑같아.**
오또꼬ㅅ떼 미ㄴ나 오나지다와.

✂ --- 잘라서 복습에 사용하세요 ---

UNIT 4-15 わ 여성형 종조사 하즈까시이와. 부끄러워요.

🎧 MP3 4-15 恥ずかしいわ。

▶▶ 여성이 쓰는 종조사. 말투를 부드럽게 해주며 남성이 쓰면 좋지 않다.

01 恥ずかしい**わ**。
부끄러워요.

02 知らないです**わ**。
몰라요.

03 いやだ**わ**。
싫어요.

04 本当に 驚いた**わ**。
정말 놀랬어.

05 私も そうだ と 思います**わ**。
저도 그렇다 고 생각해요.

06 連絡が なくて 心配 した**わ**。
연락이 없어서 걱정 했다고요.

07 今日は 本当に 楽しかった**わ**。
오늘은 정말 즐거웠어.

08 あなた と 一緒に 生きたいです**わ**。
당신 과 함께 살고 싶어요.

09 男って みんな 同じだ**わ**。
남자 란 모두 똑같아.

소리로 단어를 익히세요!

모꾸요-비 : 목요일   키오요-비 : 금요일   도요-비 : 토요일   니찌요-비 : 일요일

하루 일본어 첫걸음 소리를 들어보세요 ▶▶ 천천히 따라 읽으세요 ▶▶ 문장을 분석하세요

4-16 ~ぞ (~할테다, 한다고)

🎧 MP3-4-16

01 오늘은 지지 않을 테다!
   쿄–와 마께나이조!

02 자, 간다!
   사–, 이꾸조!

03 하루에 일본어를 마스터하겠어!
   이찌니찌데 니호ㅇ고오 마스타–스루조!

04 저 사람, 이상한데.
   아노 히또, 오까시이조.

05 이 자식, 죽여주마!
   코노 야로–, 코로시떼 야루조!

06 기회가 왔다!
   챠ㄴ스가 키따조!

07 보지 마! 보면 죽일 테다!
   미루나! 미따라 코로스조!

✂ ----- 잘라서 복습에 사용하세요 -----

UNIT 4-16 ぞ ~할 테다 쿄–와 마께나이조! 오늘은 지지 않을 테다!

🎧 MP3 4-16 今日は負けないぞ。

▶▶ 남성이 쓰는 종조사로 결심이나 주장을 나타낸다.

01 **今日は 負けないぞ。**
오늘은　지지 않을 테다!

02 **さあ、行くぞ。**
자,　간다!

03 **一日で 日本語を マスターするぞ。**
하루에　일본어를　　마스터하겠어!

04 **あの 人 おかしいぞ。**
저　사람　이상한데.

05 **このやろう、殺してやるぞ。**
이　자식,　죽여　주마!

06 **チャンスが 来たぞ。**
　　　기회가　　왔다!

07 **見るな。見たら 殺すぞ。**
보지 마!　보면　죽일 테다!

소리로 단어를 익히세요!

오쯔까레사마데시따 : 수고하셨습니다

 **4교시 4세트**

01 そう ですね。

02 あの 人は いい人 ですよ。

03 恥ずかしいわ。

04 さあ、行くぞ。

補習
호슈ー
보충수업

1교시부터 4교시 총 4시간, 자율학습 30분, 보충수업 30분. 도합 5시간 동안 수고하셨습니다. 이것으로 하루 일본어 첫걸음 4교시를 모두 마쳤습니다. 이제 일본어의 구조에 대해서 이제 좀 감이 오시나요? 마지막 1시간은 이 책을 처음부터 끝까지 다시 한번 읽어보는 시간입니다. 그러면 한글 해석을 보지 않더라도, 아니 MP3를 듣기만 해도 해석이 술술 될 것입니다. 기본 단어를 익히고 싶다면 보충수업을 참고하세요. 더 많은 단어를 익히실 분은 하루 일본어 첫걸음 제2탄 『하루 일본어 첫걸음 어휘확장팩』을 이용해주세요.

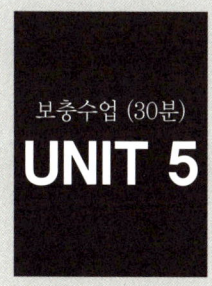

보충수업 (30분)
UNIT 5

시간 날 때마다 외우는, 필수 단어

- 동사
- 형용사
- 부사, 접속사
- 명사, 기본 회화

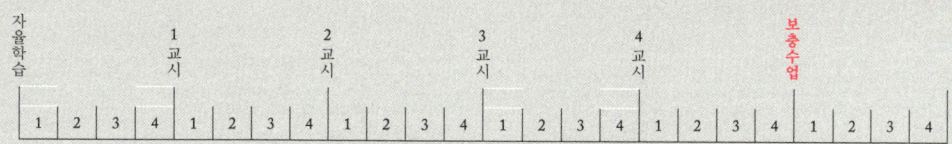

하루에 백 번도 넘게 쓰는 동사 53개

한글 발음을 소리 내 읽어보세요 ▶▶ 일본어를 보고 읽어보세요 ▶▶ 뜻을 기억하세요

이루 **いる** 있다   아루 **ある** 있다   스루 **する** 하다   야루 **やる** 하다

미루 **みる** ~를 보다   미에루 **みえる** ~가 보이다

키꾸 **きく** ~를 듣다   키꼬에루 **きこえる** ~가 들리다

요무 **よむ** 읽다   카꾸 **かく** 쓰다   이우 **いう** 말하다   하나스 **はなす** 이야기하다

스와루 **すわる** 앉다   타쯔 **たつ** 일어서다

아루꾸 **あるく** 걷다   하시루 **はしる** 뛰다   토부 **とぶ** 날다

이꾸 **いく** 가다   쿠루 **くる** 오다   카에루 **かえる** 돌아가다   마쯔 **まつ** 기다리다

타베루 **たべる** 먹다   노무 **のむ** 마시다   노루 **のる** 타다   오리루 **おりる** 내리다

와까루 **わかる** 알다   시루 **しる** 알다   와스레루 **わすれる** 잊다

오모우 **おもう** 생각하다   캉가에루 **かんがえる** 생각하다

이끼루 **いきる** 살다   시누 **しぬ** 죽다   네루 **ねる** 자다   오끼루 **おきる** 일어나다

하이루 **はいる** 들어가다   데루 **でる** 나오다   이레루 **いれる** 넣다   다스 **だす** 꺼내다

아께루 **あける** 열다   시메루 **しめる** 닫다

하지마루 **はじまる** ~가 시작되다   오와루 **おわる** ~가 끝나다

하지메루 **はじめる** ~를 시작하다   오에루 **おえる** ~를 끝내다

카우 **かう** 사다   우루 **うる** 팔다

와라우 **わらう** 웃다   나꾸 **なく** 울다

야루 **やる** (상대에게) 주다   모라우 **もらう** (상대에게) 받다

아게루 **あげる** (내가 상대에게) 주다   쿠레루 **くれる** (상대가 나에게) 주다

데끼루 **できる** 가능하다

모르면 바가지 쓰는 형용사 29개

한글 발음을 소리 내 읽어보세요 ▶▶ 일본어를 보고 읽어보세요 ▶▶ 뜻을 기억하세요

타까이 **たかい** 비싸다　야스이 **やすい** 싸다

이- **いい** 좋다　와루이 **わるい** 나쁘다

토-이 **とおい** 멀다　치까이 **ちかい** 가깝다

하야이 **はやい** 빠르다　오소이 **おそい** 느리다

오-끼- **おおきい** 크다　치-사이 **ちいさい** 작다

오-이 **おおい** 많다　스꾸나이 **すくない** 적다

오이시- **おいしい** 맛있다　마즈이 **まずい** 맛없다

나가이 **ながい** 길다　미지까이 **みじかい** 짧다

아쯔이 **あつい** 덥다, 뜨겁다　사무이 **さむい** 춥다　츠메따이 **つめたい** 차갑다

무즈까시- **むずかしい** 어렵다　야사시- **やさしい** 쉽다

아따라시- **あたらしい** 새롭다　후루이 **ふるい** 낡았다

우레시- **うれしい** 기쁘다　카나시- **かなしい** 슬프다

오모시로이 **おもしろい** 재미있다　쯔마라나이 **つまらない** 시시하다

카와이- **かわいい** 귀엽다　우쯔꾸시- **うつくしい** 아름답다

하루 일본어 첫걸음

좋아한다 고백할 때도 쓰는 형용동사 18개

한글 발음을 소리 내 읽어보세요 ▶▶ 일본어를 보고 읽어보세요 ▶▶ 뜻을 기억하세요

스끼다 **すきだ** 좋아하다　키라이다 **きらいだ** 싫어하다

다이스끼다 **だいすきだ** 아주 좋아하다　다이끼라이다 **だいきらいだ** 아주 싫어하다

죠-즈다 **じょうずだ** 능숙하다　헤따다 **へただ** 서투르다

시즈까다 **しずかだ** 조용하다　니기야까다 **にぎやかだ** 번화하다

게ㅇ끼다 **げんきだ** 건강하다　다이죠-부다 **だいじょうぶだ** 괜찮다

벤ㄴ리다 **べんりだ** 편리하다　후헨ㄴ다 **ふへんだ** 불편하다

메-와꾸다 **めいわくだ** 성가시다　시ㅁ빠이다 **しんぱいだ** 걱정하다

시아와세다 **しあわせだ** 행복하다　후시아와세다 **ふしあわせだ** 불행하다

지유-다 **じゆうだ** 자유롭다　후지유-다 **ふじゆうだ** 부자유하다

꼭 외워야 하는 부사 13개, 그리고 접속사 11개

한글 발음을 소리 내 읽어보세요 ▶▶ 일본어를 보고 읽어보세요 ▶▶ 뜻을 기억하세요

부사

키ㅅ또 **きっと** 꼭   카나라즈 **かならず** 반드시

마다 **まだ** 아직   스데니 **すでに** 이미

유ㄱ꾸리 **ゆっくり** 천천히   하야꾸 **はやく** 빨리

스꼬시 **すこし** 조금   쵸ㅅ또 **ちょっと** 좀   토떼모 **とても** 매우

타부o **たぶん** 아마   타또에바 **たとえば** 가령

도-시떼 **どうして** 어째서   나제 **なぜ** 왜

접속사

소시떼 **そして** 그리고   소레데 **それで** 그래서   시까시 **しかし** 그러나

나제나라 **なぜなら** 왜냐하면

소레니 **それに** 게다가   마따와 **または** 또는   아루이와 **あるいは** 혹은

도꼬로데 **どころで** 그런데   소레데와 **それでは** 그러면

소레까라 **それから** 그리고 나서

쯔마리 **つまり** 즉

있을 건 있고 없을 건 없는 명사 1

한글 발음을 소리 내 읽어보세요 ▶▶ 일본어를 보고 읽어보세요 ▶▶ 뜻을 기억하세요

사람
히또 **ひと** 사람　와따시 **わたし** 나　아나따 **あなた** 당신
카레 **かれ** 그　카노죠 **かのじょ** 그녀
오또꼬 **おとこ** 남자　온나 **おんな** 여자　코도모 **こども** 아이　오또나 **おとな** 어른
쇼-넨 **しょうねん** 소년　쇼-죠 **しょうじょ** 소녀　나마에 **なまえ** 이름

교통수단
바스 **バス** 버스　타꾸시- **タクシー** 택시　히꼬-끼 **ひこうき** 비행기　후네 **ふね** 배
덴샤 **でんしゃ** 전철　지뗀샤 **じてんしゃ** 자전거　쿠루마 **くるま** 자동차

장소
코꼬 **ここ** 여기　소꼬 **そこ** 거기　아소꼬 **あそこ** 저기　도꼬 **どこ** 어디
코찌라 **こちら** 이쪽　소찌라 **そちら** 그쪽　아찌라 **あちら** 저쪽　도찌라 **どちら** 어느 쪽
에끼 **えき** 역　데빠-또 **デパート** 백화점　토이레 **トイレ** 화장실

음식
타베모노 **たべもの** 먹을것　노미모노 **のみもの** 마실것　고항 **ごはん** 밥
규뉴- **ぎゅうにゅう** 우유　코-히- **コーヒー** 커피　비-루 **ビール** 맥주
오사께 **おさけ** 술　타바꼬 **たばこ** 담배

인체
카오 **かお** 얼굴　아따마 **あたま** 머리　테 **て** 팔　아시 **あし** 다리
코시 **こし** 허리　하라 **はら** 배
메 **め** 눈　하나 **はな** 코　쿠찌 **くち** 입　미미 **みみ** 귀

있을 건 있고 없을 건 없는 명사 2

한글 발음을 소리 내 읽어보세요 ▶▶ 일본어를 보고 읽어보세요 ▶▶ 뜻을 기억하세요

동물
네꼬 **ねこ** 고양이   이누 **いぬ** 개   토리 **とり** 새   사까나 **さかな** 물고기

시간
아사 **あさ** 아침   히루 **ひる** 낮   요루 **よる** 밤
하루 **はる** 봄   나쯔 **なつ** 여름   아끼 **あき** 가을   후유 **ふゆ** 겨울
지까ㅇ **じかん** 시간   고제ㄴ **ごぜん** 오전   고고 **ごご** 오후
지 **じ** 시   후ㄴ **ふん** 분   뵤- **びょう** 초

사물
코레 **これ** 이것   소레 **それ** 그것   아레 **あれ** 저것   도레 **どれ** 어느 것

자연
야마 **やま** 산   우미 **うみ** 바다   소라 **そら** 하늘
테ㅇ끼 **てんき** 날씨   아메 **あめ** 비   유끼 **ゆき** 눈   카제 **かぜ** 바람
히 **ひ** 해   츠끼 **つき** 달   쿠모 **くも** 구름
미즈 **みず** 물   히 **ひ** 불   츠찌 **つち** 흙   이시 **いし** 돌

수
이찌 **いち** 일   니 **に** 이   사ㅇ **さん** 삼   요ㅇ **よん** 넷   고 **ご** 오
로꾸 **ろく** 육   나나 **なな** 일곱   하찌 **はち** 팔   큐- **きゅう** 구   쥬- **じゅう** 십
히또쯔 **ひとつ** 한 개   후따쯔 **ふたつ** 두 개   밋쯔 **みっつ** 세 개
히또리 **ひとり** 한 명   후따리 **ふたり** 두 명   사ㄴ니ㄴ **さんにん** 세 명

하루 일본어 첫걸음

이것만 알아도 여행 가능한 회화 표현 20

한글 발음을 소리 내 읽어보세요 ▶▶ 일본어를 보고 읽어보세요 ▶▶ 뜻을 기억하세요

하이 **はい** 네

이-에 **いいえ** 아니오

스미마세o **すみません** 죄송합니다

시쯔레-시마스 **しつれいします** 실례합니다

아리가또-고자이마쓰 **ありがとうございます** 고맙습니다

나ㄴ데스까? **なんですか?** 무엇입니까?

도꼬데스까? **どこですか?** 어디입니까?

이쯔데스까? **いつですか?** 언제입니까?

이꾸라데스까? **いくらですか?** 얼마입니까?

도-시마스까? **どうしますか?** 어떻게 합니까?

~쿠다사이 **~ください** ~주세요

오네가이시마쓰 **おねがいします** ~부탁합니다

와까리마시따 **わかりました** 알겠습니다

와까리마세o **わかりません** 모르겠습니다

다이죠-부데스 **だいじょうぶです** 괜찮습니다

오하요-고자이마쓰 **おはようございます** 아침 인사

코ㄴ니찌와 **こんにちは** 오후 인사

코ㅁ바o와 **こんばんは** 저녁 인사

오야스미나사이 **おやすみなさい** 안녕히 주무세요

이라ㅅ샤이마세 **いらっしゃいませ** 어서오세요

발음, 성조를 포기하면
중국어가 무지 쉬워진다!

하루 중국어 첫걸음

정가 : 12,000원